아트 오브 레고®
BEAUTIFUL LEGO®

BEAUTIFUL LEGO®
By MIKE DOYLE

Copyright © 2013 by Mike Doyle

Title of English-language original: Beautiful LEGO® ISBN 978-1-59327-508-2, published by No Starch Press.
Korean-language edition copyright © 2014 by Insight Press. All rights reserved..
The Korean edition was published by arrangement with No Starch Press through Agency-One, Seoul.

이 책의 한국어판 저작권은 에이전시 원을 통해 저작권자와의 독점 계약으로 인사이트에 있습니다.
신저작권법에 의해 한국 내에서 보호를 받는 저작물이므로 무단전재와 무단복제를 금합니다.

아트 오브 레고®

초판 1쇄 발행 2014년 11월 30일 **지은이** 마이크 도일 **옮긴이** 나경배 **펴낸이** 한기성 **펴낸곳** 인사이트 **편집** 김강석 **본문디자인** 윤영준 **제작·관리** 이지연·박미경 **표지출력** 소다그래픽스 **용지** 월드페이퍼 **인쇄** 현문인쇄 **제본** 영신사 **등록번호** 제10-2313호 **등록일자** 2002년 2월 19일 **주소** 서울시 마포구 서교동 잔다리로 119 석우빌딩 3층 **전화** 02-322-5143 **팩스** 02-3143-5579 **블로그** http://blog.insightbook.co.kr **이메일** insight@insightbook.co.kr **ISBN** 978-89-6626-114-7 13630 책값은 뒤표지에 있습니다. 잘못 만들어진 책은 바꾸어 드립니다. 이 책의 정오표는 http://www.insightbook.co.kr/685541에서 확인하실 수 있습니다. 이 도서의 국립중앙도서관 출판예정도서목록(CIP)은 서지정보유통지원시스템 홈페이지(http://seoji.nl.go.kr)와 국가자료공동목록시스템(http://www.nl.go.kr/kolisnet)에서 이용하실 수 있습니다.(CIP제어번호: CIP2014031481)

아트 오브 레고

마이크 도일 지음 | 나경배 옮김

사랑스런 아내 스테파니와 소중한 두 아들, 랜과 케이든에게 바칩니다.

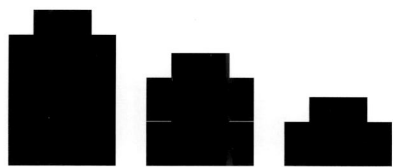

레고 창작가들의 놀라운 작품이 있었기에

이 책을 발간할 수 있었습니다.

그들의 작품은 온라인 또는 오프라인 행사를 통해 공유되어

사람들에게 끊임없이 영감을 주고 있습니다.

그 모든 이들에게 감사드립니다.

마이크 도일 Mike Doyle
(맞은편) 여명의 빛 주거 타워, 조우 1Dawn's Light Residential Tower from Contact 1
오단, '칼인의 영원 성가대 천년 축하식' 중에서 2013

가이 힘버 Guy Himber
(위) 태양계Orrey 2011

차례

xii　옮긴이의 글

xiv　들어가는 글

2　환상의 듀엣 라몬과 아마도르 알파로 마르실라

14　유혹하는 먹거리들

18　일상의 아름다움

22　다락방의 보물들 매트 암스트롱

24　레고 디자이너의 꿈 조던 슈워츠

30　큐브듀드™ 앵거스 맥레인

38　앨리스에게 물어봐

44　브릭 아트 네이선 사와야

50　괴물, 외계인, 상상 속의 존재들

64　앙증맞은 작은 새들 토마스 폴섬

72　플라스틱 동물원

84　바이오니클 마이크 니베스

90　개성만점 캐릭터들

106　꽃단장 미사카

미하이 마리우스 미후 Mihai Marius Mihu
길흉의 신 The Fortune Demon 2012

108	랜드마크 빌딩 아서 구직
114	아트 오브 빌딩 마이크 도일
130	도시 계획
164	환상 속의 절규 나난 장
170	모자이크 케이티 워커
176	길 위에서
180	브릭 한 움큼의 잠재력 리노 마틴스
192	메카
202	최후의 개척지
222	스트라이더
230	초소형 로봇 보도 엘셀
232	형상을 넘어 콜 블랙
242	불길한 날들
248	크리에이티브 브릭 이안 히스
254	파이선스케이프 이안 히스
260	머나먼 곳
264	미니멀리즘 레고 미학 아미다

269	기고하신 분들

톰 사이먼 Tom Simon
에저튼 박사 Doc Edgerton 2010

옮긴이의 글

레고의 본질

레고가 아이들을 위한 장난감이란 것은 어쩌면 상식입니다. 왜냐하면 처음부터 레고는 아이들을 위해 개발된 완구이고, 제품 상자의 적정 연령 표시를 봐도 아이들을 대상으로 하고 있다는 것을 알 수 있기 때문입니다.

하지만 가끔 그런 레고를 사용하여 예상하지 못한 수준 높은 작품을 만드는 사람들이 있습니다. 우리는 매스컴을 통해서 그들의 작품을 보며 깜짝 놀랍니다. 가장 일반적인 반응은, "레고로 이런 것이 가능한가?"입니다. 좀 더 구체적으로 말하자면, "한낱 아이들 장난감인 레고로 이러한 수준까지 만드는 것이 가능한가?"일 것입니다.

일반적인 아이들 장난감이 어떤 수준인지는 잘 모르겠지만, 적어도 레고는 그냥 아이들 장난감으로 치부하고 무시하기에는 무리가 있습니다. 레고는 블록 완구이기도 하지만 오랜 세월 조금씩 진화하면서 이제는 정교하고 복잡한 퍼즐이라고 부를 만한 수준으로 발전하였습니다. 레고엔 수많은 부품이 있으며 그 부품들은 일정한 결합 규칙을 갖고 있습니다. 그 부품들을 어떤 방식으로 조합하느냐 하는 것은 전적으로 사용자의 능력에 달려 있다고 할 수 있습니다. 아이들에게 준다면 아이들의 수준에서 조립될 것이고, 어른에게 준다면 그 어른의 수준에서 만들어질 것이며, 예술가의 손에 쥐어준다면 아마도 하나의 예술품이 탄생할 것입니다.

이 책은 레고가 예술가의 손에서 어떠한 작품으로 탄생하는지를 보여줍니다. 저자는 세계 각국 레고 작가들의 작품 사진과 그들의 인터뷰를 모아 한 권의 책으로 엮어 냈습니다.

작가들의 인터뷰를 읽어보면 예술가들이 레고를 어떠한 시각으로 바라보고 있는지 짐작할 수 있습니다. 그들의 시각 중 중요한 것은 레고가 아이들 장난감이라는 통념에 얽매이지 않고 있다는 사실입니다. 그들은 그저 자신이 무엇을 만들고 싶고 레고로 무엇이 가능한지에만 집중합니다. 때로는 레고에 순응하여 레고만의 매력을 살리기도 하고 때로는 레고의 한계를 극복하여 새로운 장을 열기도 합니다. 그들에게 레고는 친근하지만 심오하고, 다루기 쉽지만 머리를 써야하는 흥미로운 예술 재료일 뿐입니다.

이 책을 통해 많은 사람들이 '레고라는 것'의 본질을 보다 풍부하게 느낄 수 있다면 참 좋겠다는 바람입니다. '레고는 완구'라는 일반적인 도식에서 벗어나 레고를 재미있는 퍼즐, 효과적인 조형 재료로 바라볼 수 있다면 레고를 통해 누릴 수 있는 경험과 즐거움은 분명 지금보다 훨씬 크고 다양해질 것입니다.

2014. 4.
나경배

아미다Amida
연아Yuna 2008

xiii

들어가는 글

레고로 만든 예술 작품들을 처음 접하고 저는 깜짝 놀라지 않을 수 없었습니다. 조그만 장난감에 불과한 줄 알았던 레고로 그렇게까지 놀라운 작품을 만들 수 있다는 사실을 도저히 상상할 수 없기 때문입니다. 이것은 고작 3년 전 이야기입니다. 그 이후로도 레고 창작가들의 작품 수준은 꾸준히 향상해 왔습니다. 작가들은 온라인을 통해 작품과 기법을 공유함으로써 서로에게 영감과 자극을 주며 계속해서 더 뛰어난 레고 작품을 만들어내고 있습니다. 이 책은 그 동안 제가 접한 인상적인 레고 작품들을 간추린 작은 작품집입니다.

현실적인 이유 때문에 마땅히 소개해야 할 뛰어난 작품과 작가들을 모두 담을 수는 없었습니다. 다만, 레고를 처음 시작하는 사람들에게 레고로 만들 수 있는 예술 작품의 대표적인 사례를 보여 주는 데 의의를 두고 싶습니다. 레고 마니아들에게는 익숙한 조립 기법을 새로운 관점에서 다시 볼 수 있는 계기가 되길 바랍니다. 여기에 수록된 작품들을 처음 보는 것일 수도 아니면 여러 번 보았을 수도 있겠지만, 아무쪼록 이 책이 여러분에게 새로운 창작의 영감을 불어넣어 주기를 희망합니다.

새넌 스프룰 Shannon Sproule
숲 속의 밤(막스 에른스트풍) Midnight in the Forest(after Ernest) 2009

환상의 듀엣 라몬과 아마도르 알파로 마르실라
Ramon and Amador Alfaro Marcilla

왜 레고일까요? 여러 가지 이유가 있습니다. 레고는 우리가 알고 있는 한 아무런 기능적 손실 없이 완벽하게 재사용 가능한 유일한 재료입니다. 우리에겐 큰 이점이지만 가장 중요한 점이기도 합니다. 또한, 결과물을 바로 얻을 수 있고 수정하기도 쉽습니다. 레고 작품을 만드는 데에는 많은 것이 필요하지 않습니다. 브릭 약간과 조명, 그리고 탁자와 의자 한 개만 있으면 충분합니다. 사실 우리는 종종 침대에서 만들기도 합니다.

재료를 직접 손으로 주무르면서 작품이 만들어지는 과정을 눈으로 살피고 조심스럽게 다음 부품을 고르는 일련의 행위들이 우리를 정말 즐겁게 합니다. 그 기쁨 때문에 우리는 계속해서 다음 작품을 만들게 되는 것 같습니다.

자신에 대해 좀 더 소개해 줄 수 있을까요?
우리는 형제입니다. 라몬이 동생, 아마도르가 형입니다. 우리는 스페인의 마드리드와 발렌시아 사이의 작은 도시인 알바세테 출신입니다. 최근까지도 우리 둘은 같이 지냈지만 지금은 직장, 가족 등의 이유로 떨어져 살고 있습니다. 우리는 항상 함께 할 수 있는 취미를 즐겼습니다. 비디오 게임이나 만화책, 음악, 영화 그리고 물론 레고도 마찬가지입니다.

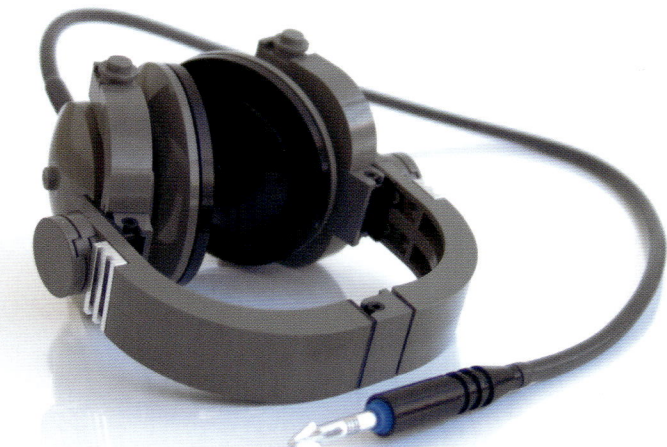

레고를 시작한 지는 얼마나 되었나요? 두 분이 동시에 레고에 빠지게 된 것인가요?
우리는 어릴 때부터 함께 레고를 가지고 놀다가 대학에 들어갈 즈음 그만두게 되는데, 흔히들 말하는 '암흑기Dark Age'가 우리들에게도 있었습니다. 아무래도 레고보다는 연애가 더 중요한 시절이었던 것 같습니다. 대학을 졸업하고 7~8년이 지난 후에야 다시 레고를 손에 잡을 수 있었습니다.

우리 둘 중 누가 먼저랄 것도 없이 레고를 다시 시작했지만, 처음 몇 해 동안은 작업을 각자 따로 했습니다. 둘의 취향이나 조립 기법 그리고 작품 스타일이 서로 달랐기 때문입니다. 하지만 비디오 게임을 계기로 모든 것이 달라졌습니다. 아케이드 게임인 오퍼레이션 울프Operation Wolf의 한 장면을 묘사한 작품을 만들 때 처음으로 공동 작업을 하였습니다. 다양한 취미를 하나로 융합하고자 할 때 레고만큼 좋은 것이 없는 것 같습니다.

두 분의 작품은 그 구조가 무척 복잡한 편입니다. 두 사람이 공동 작업한 것이라고는 믿겨지지가 않을 정도입니다. 더군다나 두 분이 서로 떨어져 살고 있다는 것을 생각하면 더욱 놀랍습니다. 두 분은 어떤 식으로 공동 작업을 진행하는지요? 서로 각자 조립하다가 가끔 만나서 하나로 합치는 것인가요? 그렇다면 얼마나 자주 만나는지요?
우리는 늘 이렇게 말합니다. 네 개의 눈으로 보는 것이 두 눈으로 보는 것보다 낫다고. 물론 늘 그런 것은 아니겠습니다만.

공동 작업 과정은 매번 조금씩 다릅니다. 한 사람이 모형의 전체적인 형태를 잡고 다른 한 사람이 세부 표현을 맡는 경우도 있지만, 작품의 크기가 어느 정도 큰 경우에는 각자 한 부분씩 맡아 진행하기도 합니다. 예를 들어 〈아이언맨Iron Man〉을 만들 때 한 사람은 머리, 한 사람은 발을 맡는 식으로 작업했습니다.

(맞은편) 헤드폰Headphones 2007
(위) 미니무그Minimoog 2011

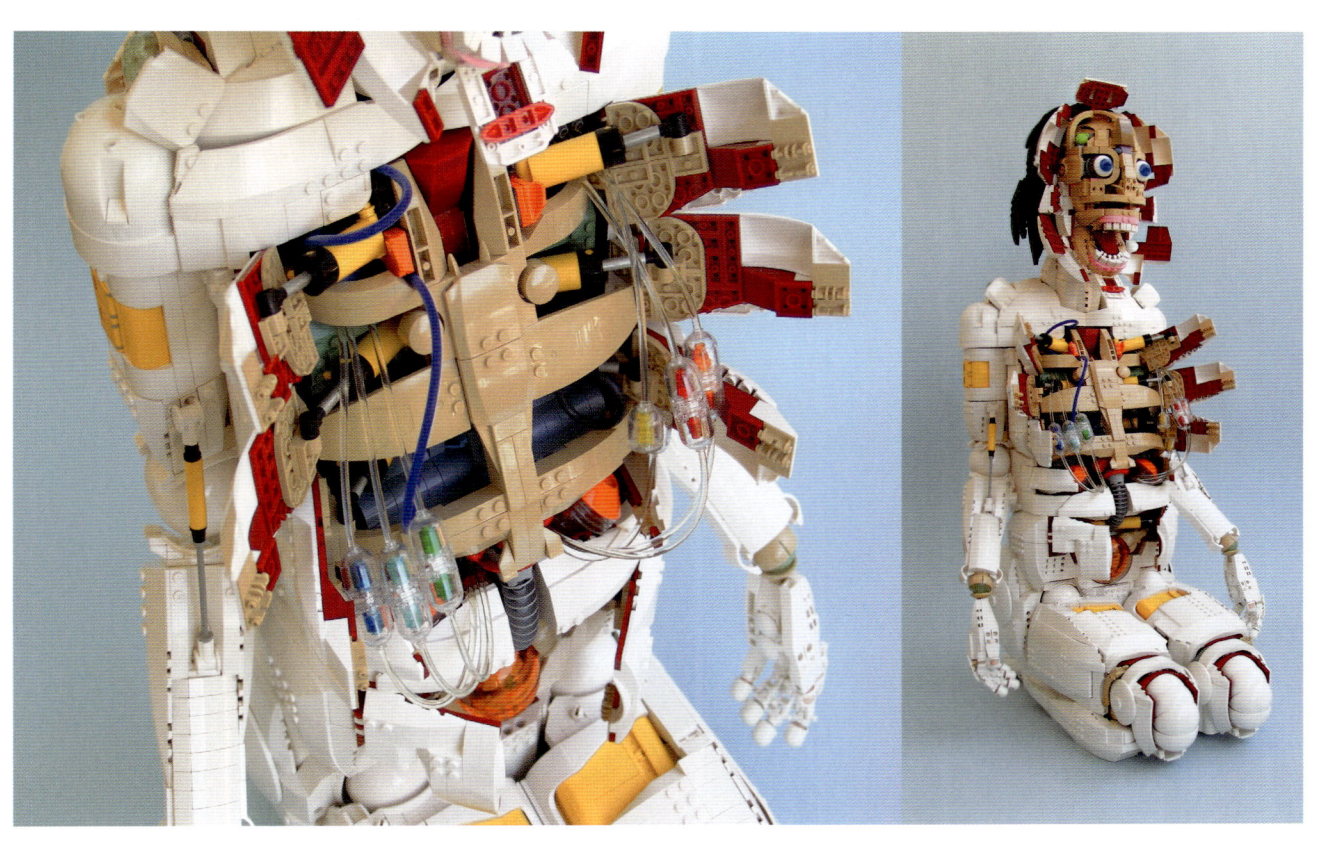

인형 The Doll 2008

지금은 우리 둘이 서로 멀리 떨어져 지내고 있기 때문에 공동 작업하기가 여간 어려운 것이 아닙니다. 이전까지는 함께 만드는 것이 아주 쉬웠지만 지금은 효과적으로 공동 작업을 진행할 수 있는 새로운 방법을 궁리해내야만 합니다. 우리는 한달에 한 번은 꼭 만나려고 노력합니다. 함께 레고를 한다는 구실 덕분에 그나마 우리가 지속적으로 만날 수 있는 것 같습니다. 우리가 함께 레고를 갖고 노는 것은 이제 하나의 기나긴 여정이 되어버렸습니다. 둘이 한 번 만나려면 꽤 먼 거리를 이동해야 하기 때문입니다.

특히 만들기 어려웠던 작품이 있다면 무엇이고, 완성하기까지 대개 어느 정도의 시간이 걸렸나요?

가장 오랜 시간이 걸린 작품은 〈인형 The Doll〉입니다. 거의 매일 하루 3시간씩 작업해서 8개월가량 걸렸으니까, 어림잡아 총 720시간 정도 소요된 셈입니다. 하지만 우리는 대개 중간 정도 크기의 작품을 만듭니다. 중간 크기의 차량 모형일 경우, 세부 묘사를 어느 정도까지 하느냐에 따라 다르긴 하지만 대략 2~3주 걸리는 것 같습니다. 물론 예외도 있습니다. 지금 예전에 만들었던 모델 하나를 새롭게 다시 만들고 있는데, 작업을 시작한 지 1년이 넘은 이제야 겨우 마무리하고 있습니다.

조립에 들어가기 전에 미리 충분히 계획을 세우는 편인가요? 계획은 어떤 식으로 세우는지요? 두 분이 각자 의견을 낸 후 좀 더 좋은 안을 선택하는 식인가요? 미리 종이에 밑그림 같은 것을 그리기도 하나요?

네, 조립하기 전에 반드시 충분하게 계획을 세워야 합니다. 영화를 찾아보거나 인터넷으로 사진을 검색해서 꼼꼼히 살펴보는 것은 기본이고, 때로는 대상에 대해서 좀 더 구체적으로 파악하기 위해 종이에 직접 스케치를 합니다. 만화와 그림 그리기는 우리의 또 다른 취미이기도 합니다.

그런 후에는 눈에 보이는 것 이상의 것까지 고려합니다. 우리는 대상의 정확한 느낌을 살리는 것이 대단히 중요하다고 생각합니다. 우리가 작품을 만들 때 가장 큰 비중을 두는 부분이 있다면 바로 작품의 분위기입니다. 대상의 느낌을 포착하고 작품으로 표현해내는 비법은 이렇습니다. 우리는 작품을 만드는 과정 내내 대상에 대한 각자의 기억과 느낌을 자유롭게 이야기하고 우리가 왜 그것을 만드는지에 대해 끊임없이 토론합니다. 그리고 작품의 분위기와 어울리는 음악을 틀어놓고 계속 듣습니다. 좋은 작품을 만들자면 눈만큼이나 귀도 중요하기 때문입니다.

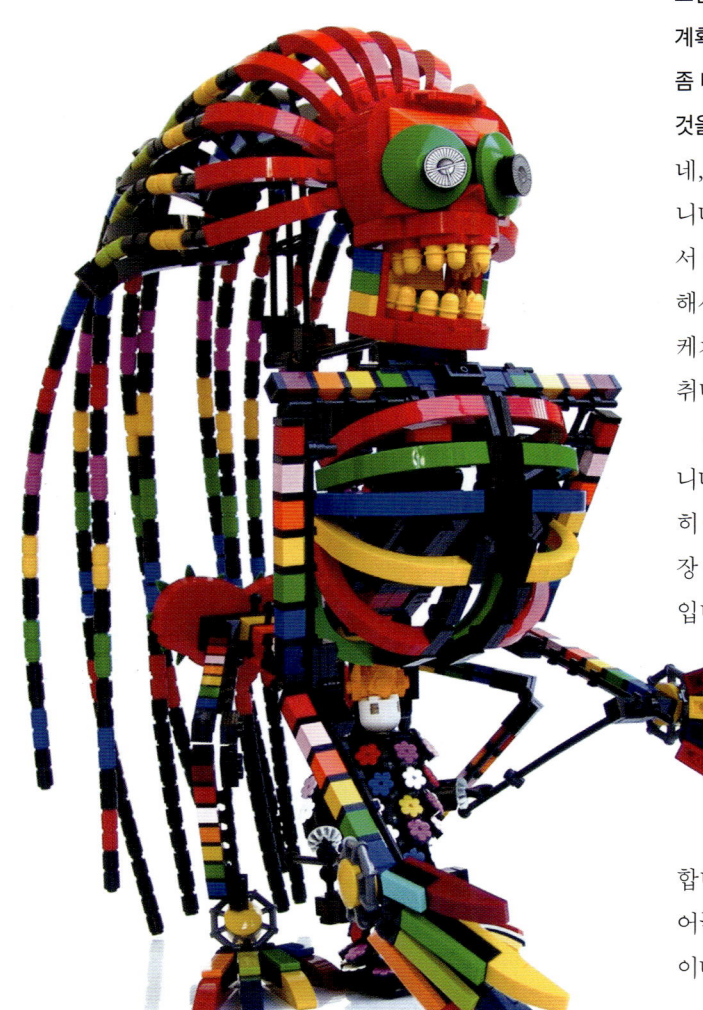

두 분의 작품 스타일이 지닌 공통점과 차이점은 무엇인가요? 공동 작업을 할 때 각자 전담해서 맡는 부분이 있나요?

둘의 작품 스타일은 비슷합니다. 하지만 각자 잘하는 분야는 있습니다. 두 사람이 사물을 보는 관점은 다르지만 서로 상호보완적인 관계에 있습니다. 그래서 우리는 서로가 서로를 필요로 합니다. ‹인형›과 같은 작품이 대표적인 경우입니다. 그 작품은 수많은 작은 부분들이 모여 하나의 커다란 덩어리를 이루고 있습니다. 전체적으로 보면 하나의 인간 조형물이지만 부분적으로 보면 다양한 색상과 형태를 갖고 있는 자잘한 구조물들의 집합입니다. 따라서 완전히 다른 두 개의 접근 방법이 필요했고 둘 중 하나가 없었으면 아마 작업이 불가능했을 것입니다.

두 분의 작품은 무척 다양합니다. ‹미니무그›처럼 기계적인 면을 다루기도 하고 ‹아이언맨›처럼 조형물 성격의 작품도 있습니다. 마이크로스케일 작품도 여럿 있는 것으로 알고 있습니다. 특별히 선호하는 주제나 작품 스타일이 있다면 어떤 것인가요?

우리가 보기에 주제와 작품 스타일은 사실 동일한 문제인 것 같습니다. 우리는 오직 도전할 가치가 있는 주제인지에만 신경을 씁니다. 물론 작은 작품을 만드는 것이 쉽지만 크고 시간이 오래 걸리는 작품이라고 해서 주저하지는 않습니다. 훌륭한 작품을 만들고자 할 때 가장 어려운 점은 참신한 주제를 찾는 일과 그 주제에 맞는 적절한 스케일을 정하는 일입니다. 작은 작품과 큰 작품 사이에 차이가 있다면 주제와 스케일을 정하기까지 걸리는 시간이라고 할 수 있습니다. 우리는 기계적인 특성과 심미적인 면을 동시에 갖고 있는 주제를 좋아합니다. ‹미니무그›가 그 대표적인 예라고 할 수 있습니다. 버튼, 페이더, 조이스틱, 다이얼 그리고 건반 등의 모든 기계 장치와 무그가 갖고 있는 독특한 아름다움을 우리만의 스타일로 녹여내야 했습니다.

특별히 좋아하는 레고 부품이 있나요? 있다면 이유는 무엇인가요?

곡면 부품이나 쐐기 모양 부품을 비롯해서 부드러운 곡선과 형태를 만드는 데 유용한 부품이라면 종류를 가리지 않고 좋아합니다. 이런 부품을 잘 이용하면 아주 새로운 조립을 시도해볼 수 있기 때문입니다.

(맞은편) 칼립소 Calypso 2007
(오른쪽) 에일리언 Alien 2007

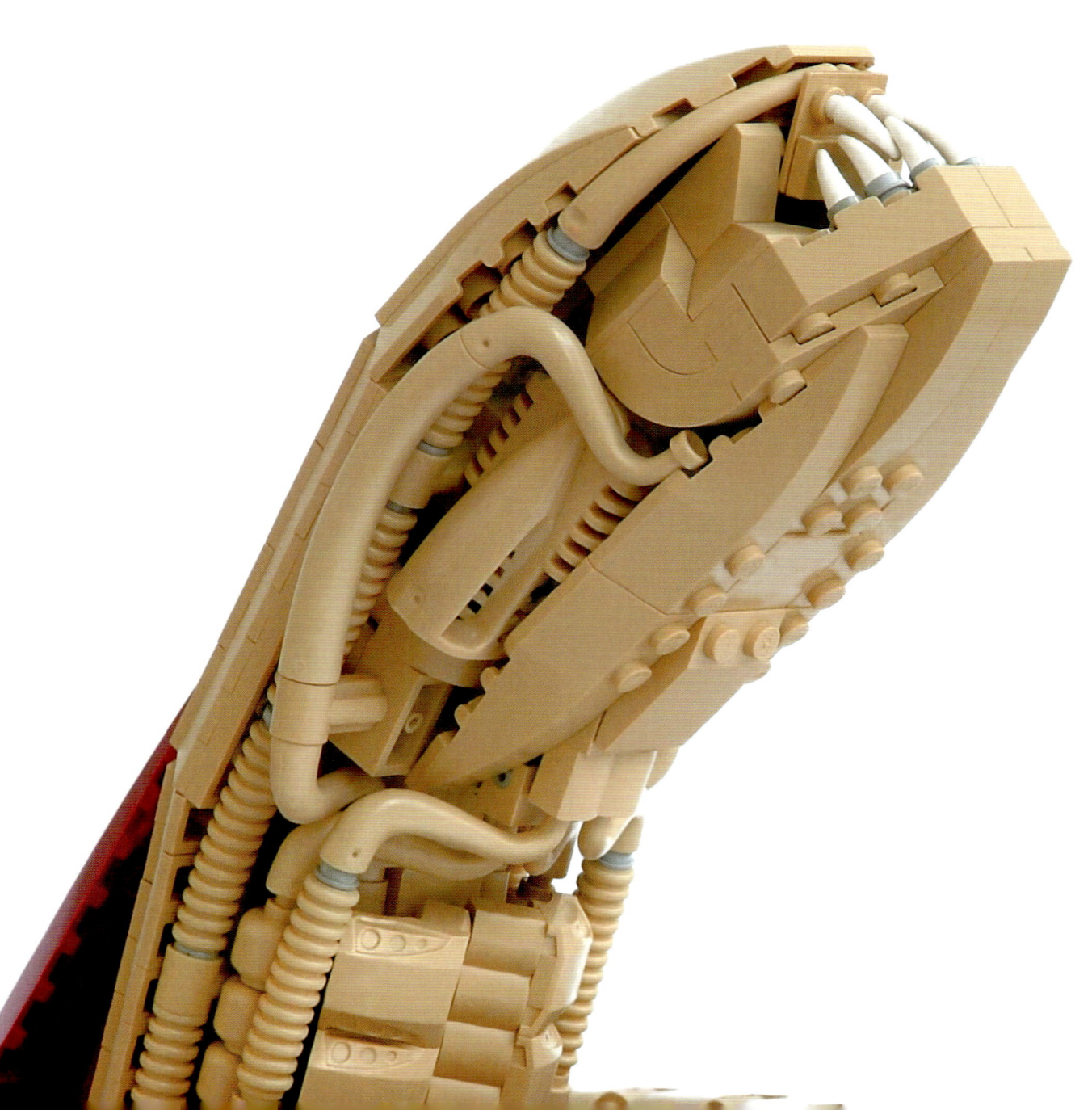

에일리언 체스트버스터 Alien Chestburster 2007

(맞은편) 뱀Snake 2009
(위) 아이언맨Iron Man 2007

12

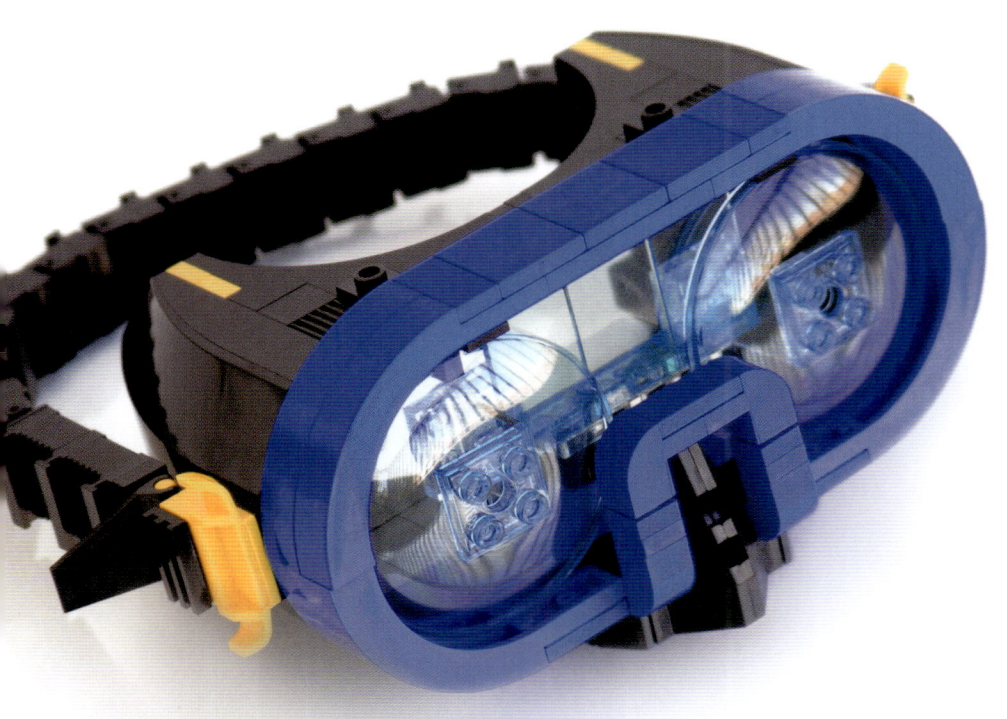

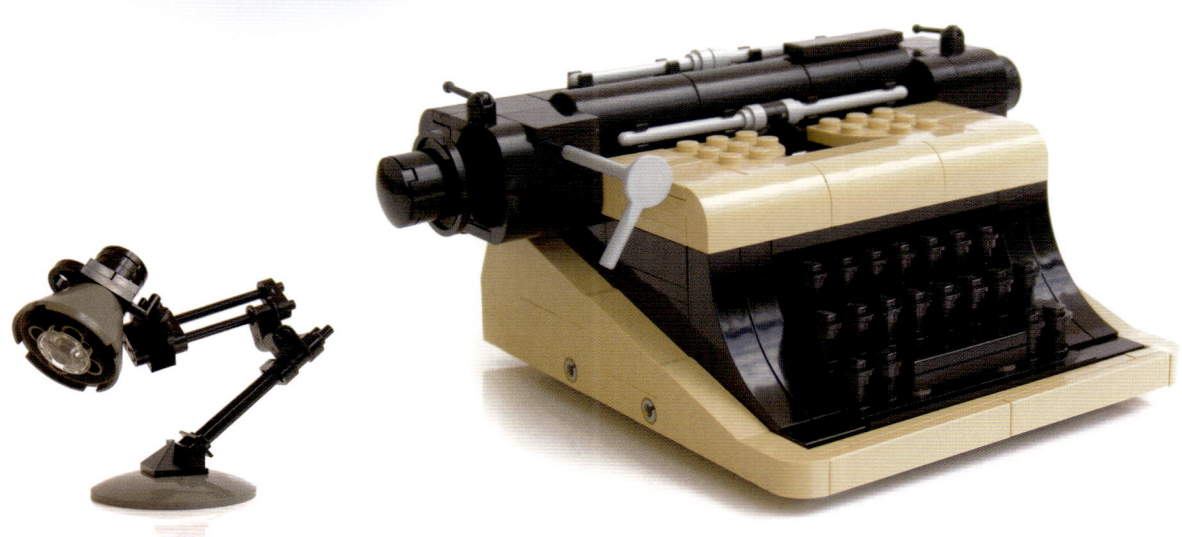

(맞은편 위) 소라게 Hermit Crab 2008
(맞은편 아래) 고무 젖꼭지 Pacifier 2009
(위) 잠수 마스크 Diving Mask 2007
(오른쪽) 타자기 Typewriter 2006
(왼쪽) 독서등 Reading Lamp 2007

유혹하는 먹거리들

에릭 콘스탄티노 Eric Constantino
(맞은편) 레고 디저트 LEGO Desserts 2010
(위) 레고 간식 LEGO Treats(컵케이크, 콘도그, 크림시클) 2010

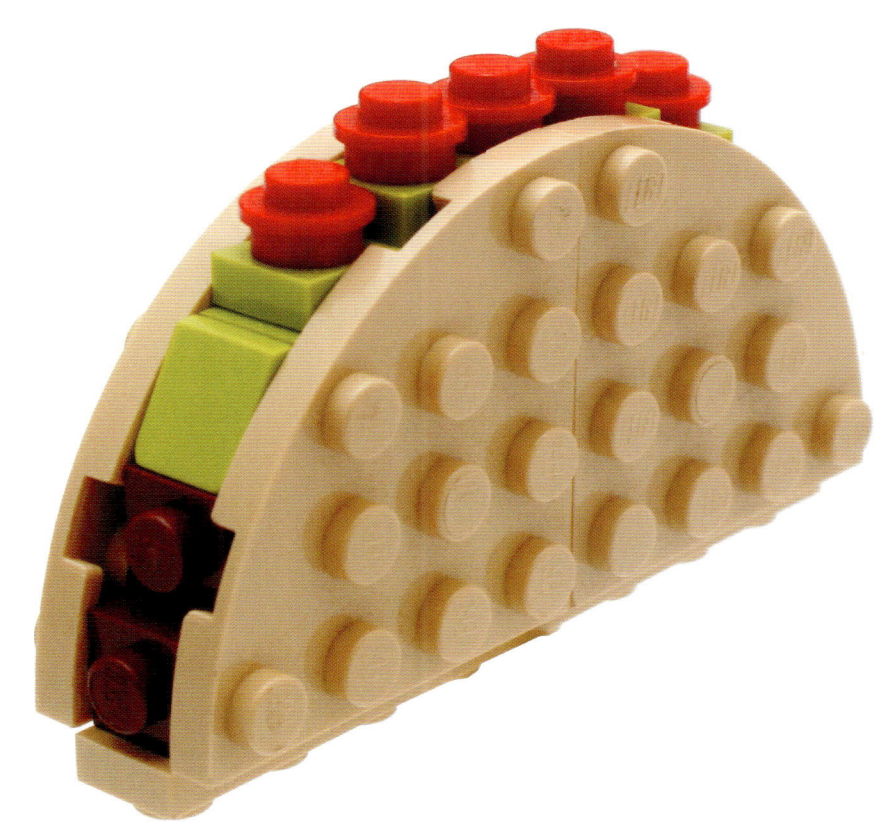

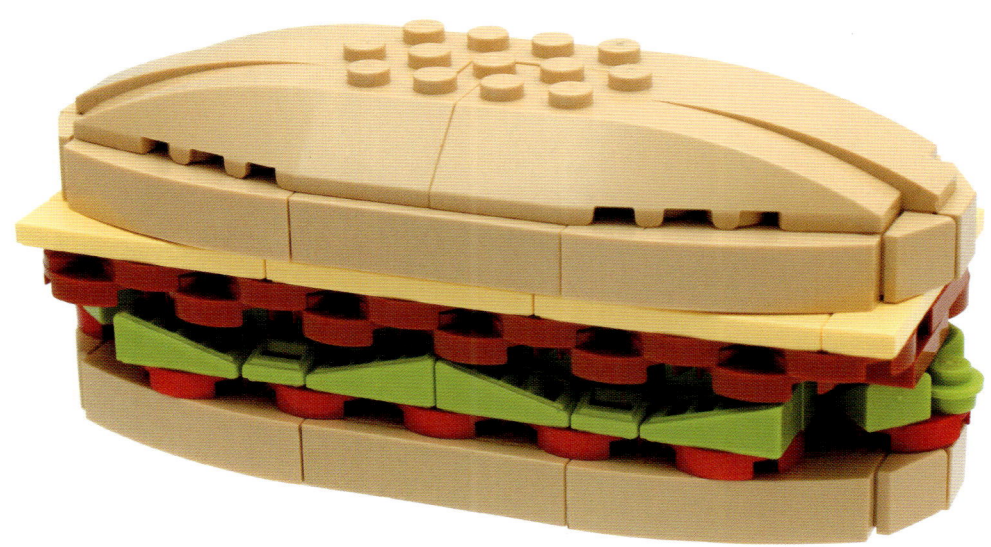

크리스 맥베이 Chris McVeigh
(맞은편 위) 추수감사절 칠면조Thanksgiving Turkey 2010

스벤 중가 Sven Junga
(맞은편 아래) 바다가재Lobster 2011

브루스 로웰 Bruce Lowell
(위) 타코Taco 2010
(아래) 샌드위치Sandwich 2011

일상의 아름다움

라몬과 아마도르 알파로 마르실라 Ramon and Amador Alfaro Marcilla
폴라로이드 Polaroid 2007

미카 버코프 Micah Berkoff
(위) 닌텐도 가정용 게임기 Nintendo Entertainment System 2009

케빈 구 Kevin Guoh
(왼쪽) 디제이 콘솔 DJ Console 2007

크리스 맥베이 Chris McVeigh
(오른쪽) 클래식 스피커 Classic Speaker 2010

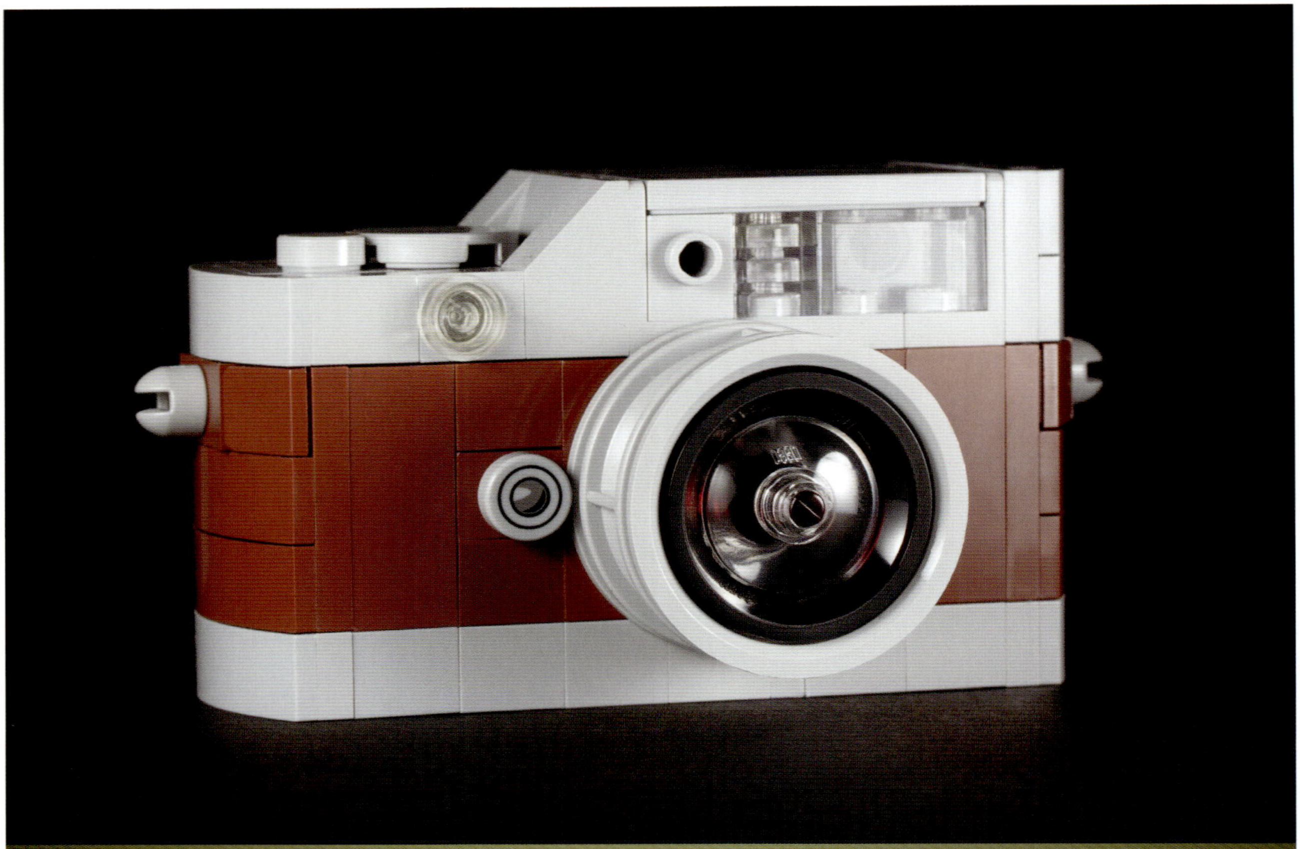

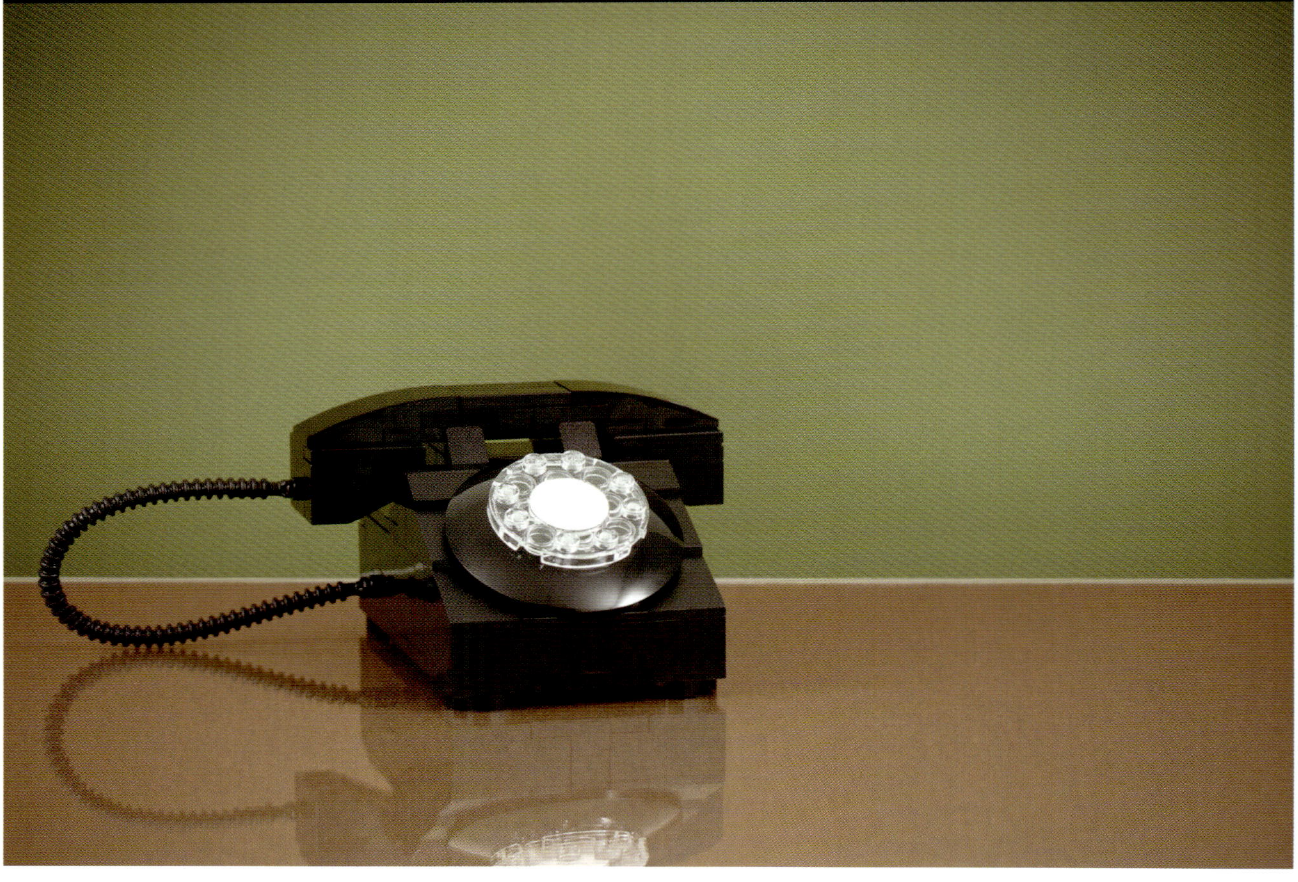

크리스 맥베이 Chris McVeigh
(맞은편 위) 미니 에르메스 라이카 M9 Mini Hermes Leica M9 2013
(맞은편 아래) 다이얼 전화기 Rotary Phone 2012
(위) 헬로우 Hello 2013

다락방의 보물들 매트 암스트롱
Matt Armstrong

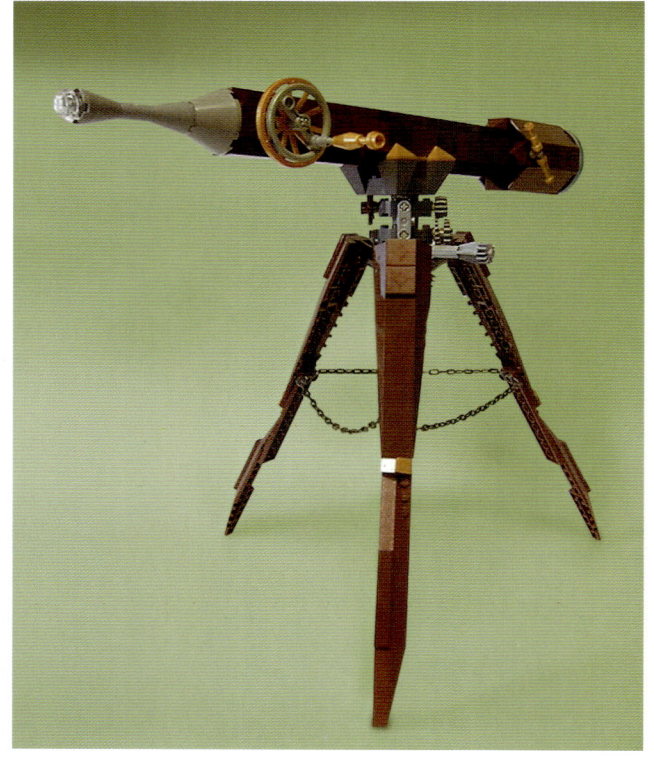

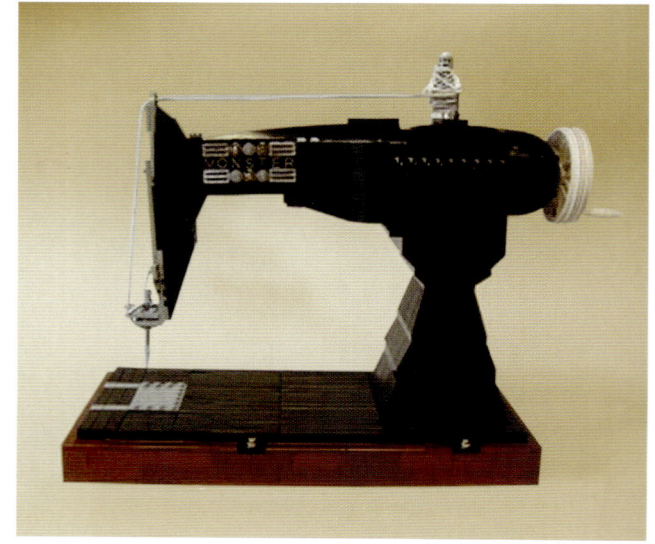

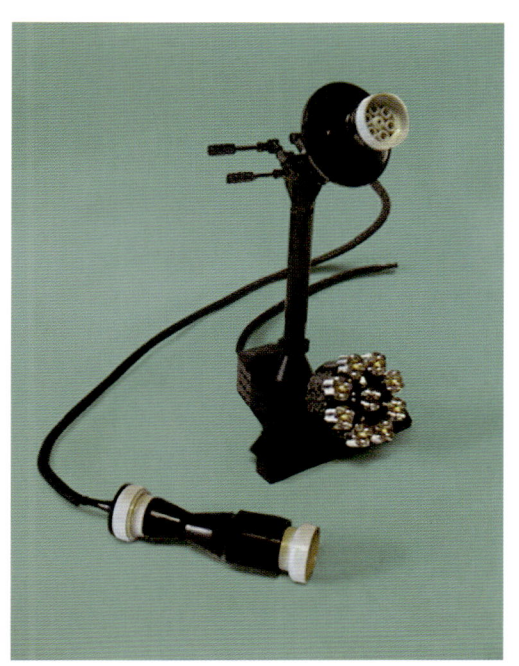

(맞은편 왼쪽) 망원경Telescope 2011
(맞은편 오른쪽 위) 카메라Camera 2011
(맞은편 오른쪽 아래) 재봉틀Sewing Machine 2011

(오른쪽 위) 촛대식 전화기Candlestick Phone 2011
(왼쪽 중앙) 골동품 전화기Antique Phone 2011
(오른쪽 중앙) 타자기Typewriter 2011
(아래) 모스 부호 송신기Morse Code Key 2011

레고 디자이너의 꿈 조던 슈워츠
Jordan Schwartz

왜 레고냐고요? 기억이 가물가물한 어릴 때부터 지금까지 레고를 계속 만지고 있지만 제가 왜 레고를 좋아하는지 생각해본 적은 없는 것 같습니다.

레고는 늘 제 인생과 함께 했습니다. 뭔가 운명적인 느낌이랄까……. 레고에 처음 애착을 갖기 시작한 때가 언제인지 생각해보자면 로드아일랜드 교외에 살던 어린 시절로 거슬러 올라갑니다. 언제인지 정확하게 기억나지는 않지만 형이 작은 레고 보트를 선물로 받은 적이 있습니다. 그 레고 보트가 제가 본 최초의 레고였습니다. 자연스러운 일이겠지만 그 나이 때 저에게 형은 우상과도 같은 존재가 되었습니다. 그리고 저도 형처럼 멋진 레고를 갖고 싶었습니다.

나이가 들어감에 따라 부모님께서 가끔 레고 제품을 사주셨는데 저희 삼형제를 위해서 똑같은 제품을 늘 세 개씩 사오셨습니다. 그 덕분에 만들고 싶은 것을 마음껏 만들 수 있을 만큼 레고가 항상 넉넉했습니다. 물론 지금 돌이켜 보니 그렇다는 것이지 그때엔 충분하다는 생각을 전혀 하지 않았던 것 같습니다. 제가 좋아했던 유일한 장난감도 레고였고 제가 구입했던 유일한 장난감 역시 레고였습니다. 나중에 다른 두 형제는 레고에 싫증을 느껴 그만두었는데, 그들의 레고까지 독차지하게 된 후에는 좀 더 왕성하게 작품을 만들 수 있었습니다.

저는 점점 더 레고의 기술적, 예술적인 매력에 심취하게 되었고, 2006년에는 처음으로 온라인 레고 커뮤니티에 가입하였습니다. 그 시점부터는 레고로 만든 결과물 자체에 관심을 갖기보다는 레고로 무엇인가를 만드는 과정 그 자체를 즐기기 시작하였습니다.

온라인을 통해 저의 작품을 다른 재능 있는 창작가들과 공유하면서부터 제 작품의 수준은 크게 올라갔습니다. 미국 전역을 돌아다니며 각종 레고 행사에 참여하여 열정적인 레고 창작가들을 많이 만나고 좋은 작품을 많이 섭렵했던 경험도 저의 레고 창작 실력 향상에 많은 도움을 주었던 것 같습니다.

그러던 중 2010년 중반 시카고에서 열린 어느 레고 행사장에서 한 친구가 레고 그룹이 제품 디자이너를 신규로 모집한다는 정보를 제게 알려 주었습니다. 레고 그룹은 제가 그토록 꿈에 그리던 직장이었습니다. 초등학교 때 그린 그림 한 장이 있습니다. 제가 레고를 가지고 노는 모습을 그린 그림인데, 크고 단순하게 그린 웃는 얼굴 위에 "레고에 취직하고 싶다"라고 적혀 있습니다.

아무튼 그 당시 저는 겨우 17살이었기 때문에 레고 그룹에 취직한다는 것은 왠지 멀고도 먼 이루지 못할 꿈처럼 느꼈습니다. 하지만 고맙게도 제 친구들이 저를 많이 응원해 준 덕분에 저는 용기를 내어 원서를 냈습니다. 아무튼 응시하는 것은 자유였고 덴마크까지 포트폴리오와 이력서를 보내는 우편 비용(10만원이 채 안 되는 금액이었습니다)을 제외하면 딱히 큰돈이 드는 일도 아니었습니다. 그리고 그 비용만큼의 가치는 충분히 있는 도전이었고요. 원서를 낸 후 얼마 지나지 않아서 레고 그룹으로부터 덴마크 빌룬트Billund로 면접 및 테스트를 받으러 오라는 연락을 받았습니다. 물론 그때까지는 엄밀하게 말해서 취직이 확정된 단계는 아니었지만 처음으로 유럽 여행을 간다는 사실에 마음이 무척 설레였습니다. 그것도 단돈 10만원에 말입니다.

2010년 8월에 면접과 테스트를 위해 빌룬트에 갔습니다. 저 말고도 40명이 더 있었는데 제가 제일 어렸습니다. 솔직히 말해서 겁이 많이 났습니다. 그래도 저는 최선을 다했고 좋은 사람들도 많이 만났습니다. 그러고는 보스턴으로 돌아왔습니다. 그때 저는 대학에서 건축을 전공하고 있었는데 대학에 입학하고 첫 학기 첫 주가 지나기도 전에 놀랍게도 덴마크로부터 합격을 알리는 이메일이 왔습니다. 인턴사원으로 채용된 것이지만 대우는 정규직과 다름없었습니다. 그

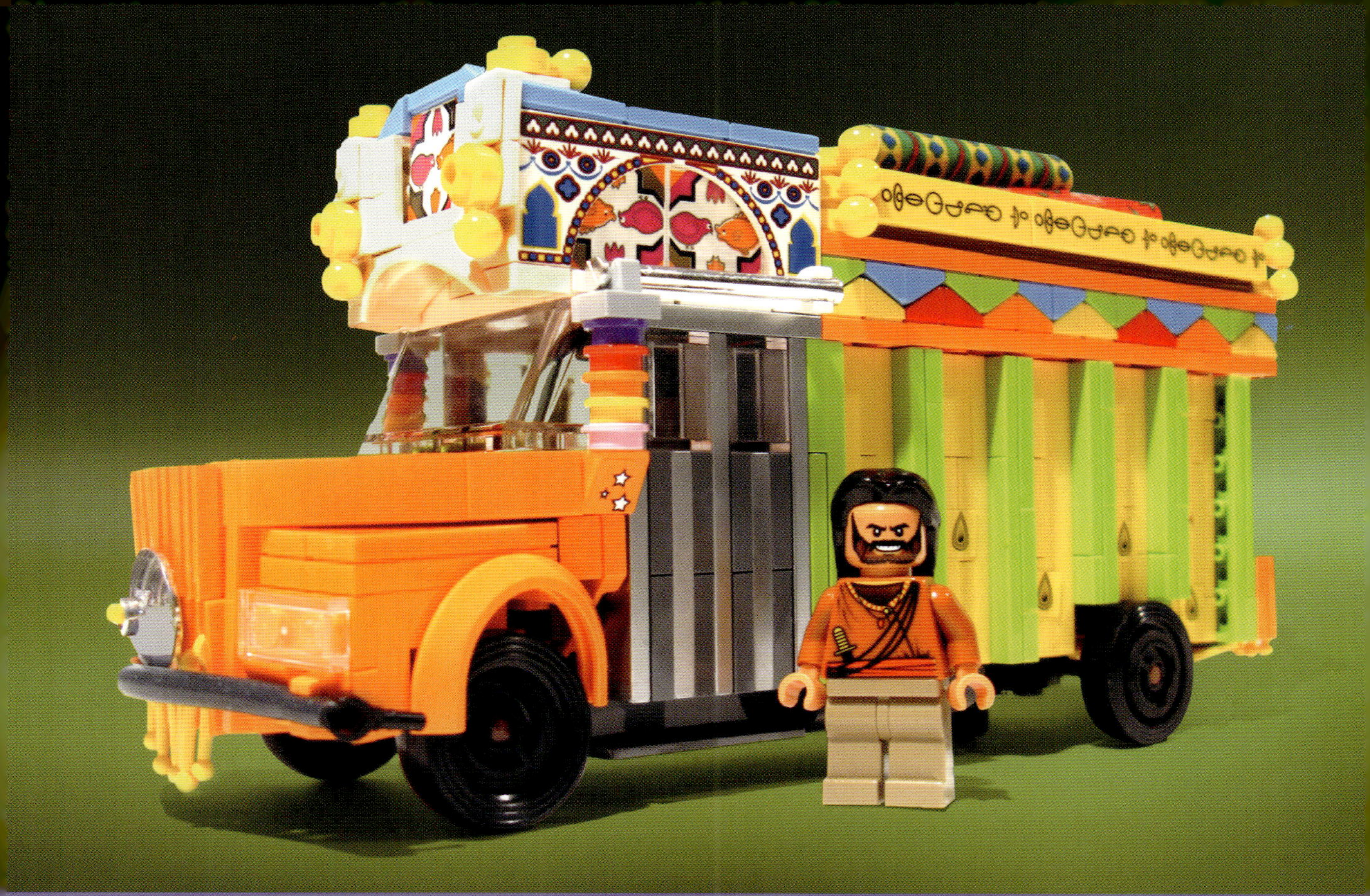

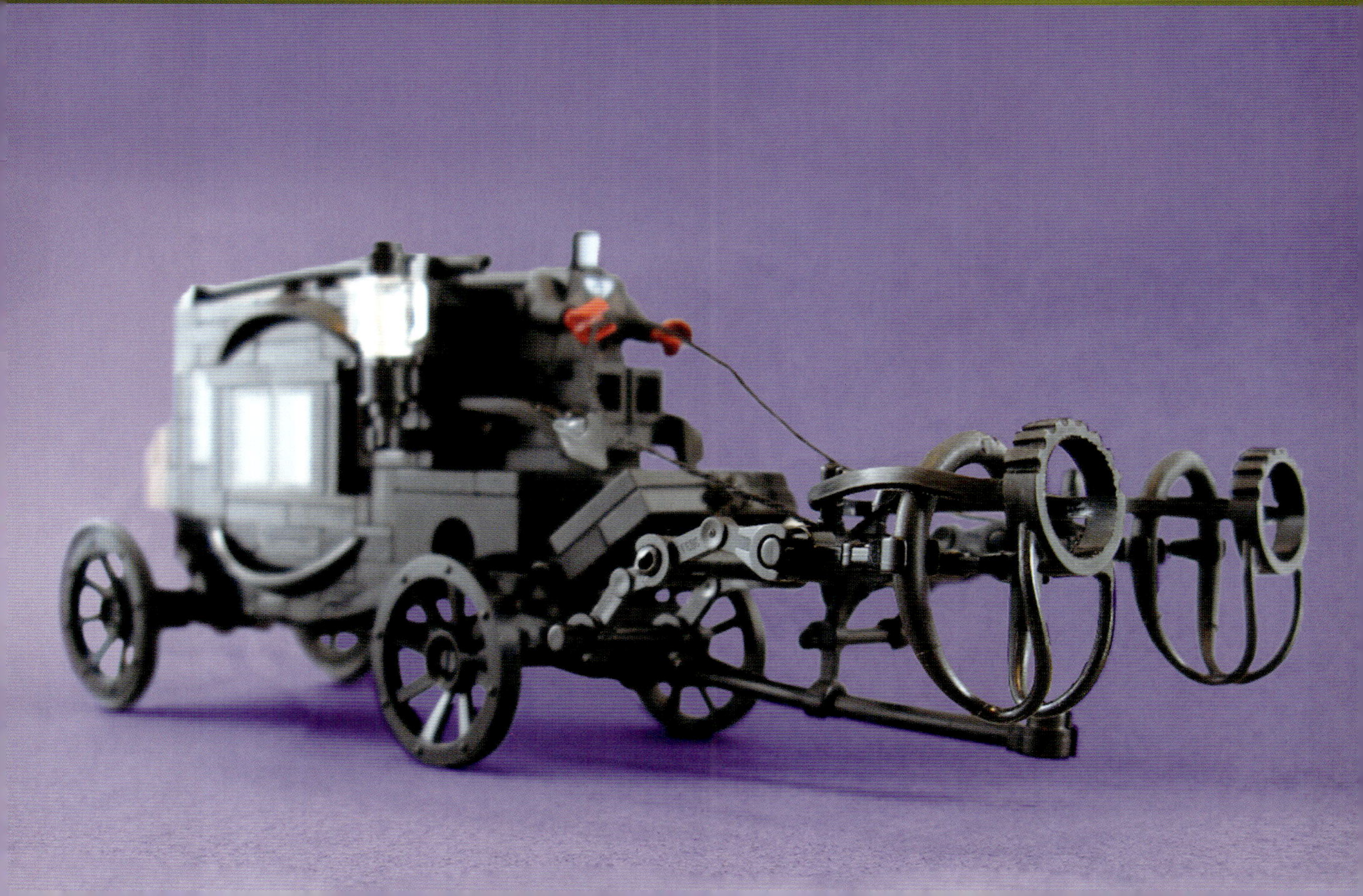

해에 저는 크리에이터 제품군의 제품 몇 개를 디자인할 수 있었습니다.

레고 그룹 본사가 위치하고 있는 빌룬트는 정말 외진 곳입니다. 눈보라와 비바람을 뚫고 허구한 날 20분 이상을 걸어서 회사까지 출근하는 것은 전혀 제가 기대했던 바가 아니었습니다. 빌룬트라는 도시의 황량함은 일터에서의 즐거움과는 너무나도 동떨어진 느낌이었습니다. 레고 디자이너로 일하는 것은 매 순간 즐겁기 그지없었지만 할 것도 많고 볼 것도 많던 미국 대도시에서 살던 저에게 덴마크에서의 생활은 정말 문화적 충격이었습니다. 이런 것이 아마도 많은 사람들이 직장을 선택할 때 미처 생각하지 못하는 부분인 것 같습니다. 많은 직원들이 빌룬트의 환경에 적응하는 데 애를 먹었고 중대형 도시에서 살던 사람들은 특히 고생이 더 심했습니다.

레고 디자이너로서 가장 큰 보람을 느끼는 순간은 자신이 디자인한 제품이 실제로 생산되어 매장에 진열되는 것을 볼 때입니다. 제가 처음으로 디자인한 제품은 제품 번호 6914의 두 번째 모델인 브라키오사우르스Brachiosaurus였습니다. 제품 박스를 처음 보았을 때 정말 뿌듯했습니다. 미국에 갈 때면 저는 늘 완구 매장에 들러서 제가 디자인한 제품들이 진열대에 놓인 것을 보며 흐뭇해하곤 합니다. 그 제품들이 모두 팔려 아이들이 사고 싶어 안달하는 모습을 볼 때면 그렇게 기쁠 수가 없습니다. 레고를 향한 저의 사랑은 이렇게 결실을 맺게 되었습니다. 레고 디자이너가 되길 원하는 아이들이 많습니다. 그와 관련해서 이메일도 많이 받고 행사장에서는 아이들로부터 개인적인 질문도 많이 받습니다. 하지만 생각해보면 그중 극소수만이 실제로 디자이너가 됩니다. 어른이 되기까지 꿈을 지속시키는 일도 드물지만 덴마크의 작은 시골 마을 땅을 밟기란 생각보다 만만치 않은 도전이기 때문입니다.

꿈을 이루었을 때 누구나 그렇듯이 저도 마치 세상 전부를 정복한 기분이었습니다. 레고 커뮤니티, 레고 그룹 그리고 모든 레고 조립 기술들이 제 발 아래 있는 것만 같았습니다. 그리고 꿈을 완성한 지금은 그 행복의 크기만큼 제가 많이 자유로워졌음을 느낍니다. 이제는 레고 아닌 다른 것에도 관심을 쏟을 수 있는 마음의 여유가 조금은 생긴 것 같습니다.

하지만 여전히 레고와 관련된 기억들은 제겐 가장 소중하고 아름다운 추억입니다. 포장 상자를 뜯을 때의 설렘과 레고 부품들이 달그락거리는 소리 그리고 공장에서 갓 생산된 신선한 플라스틱의 냄새까지, 그 모든 것이 제 마음속에 아로새겨져 있습니다. "왜 레고냐"는 질문에 답변하기 위해 스스로에게 이렇게 물어볼까 합니다. "내가 아직도 철이 덜 들었나? 그래서 어렸을 때 갖고 놀던 장난감에 대한 애착을 나이 들어서까지 버리지 못한 것일까?"라고……. 대답은 간단합니다. 저는 아주 심하게 향수병을 앓고 있는 셈입니다.

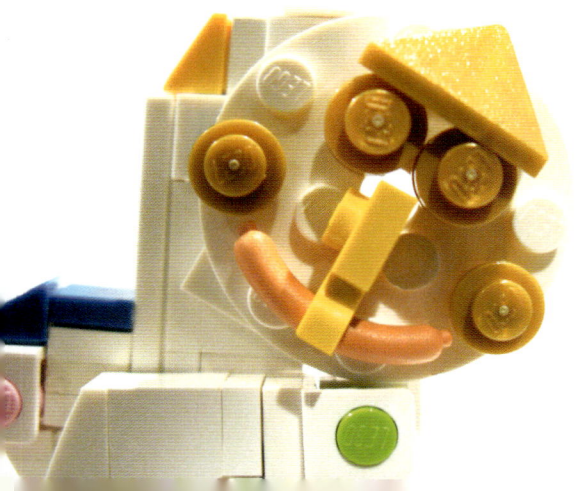

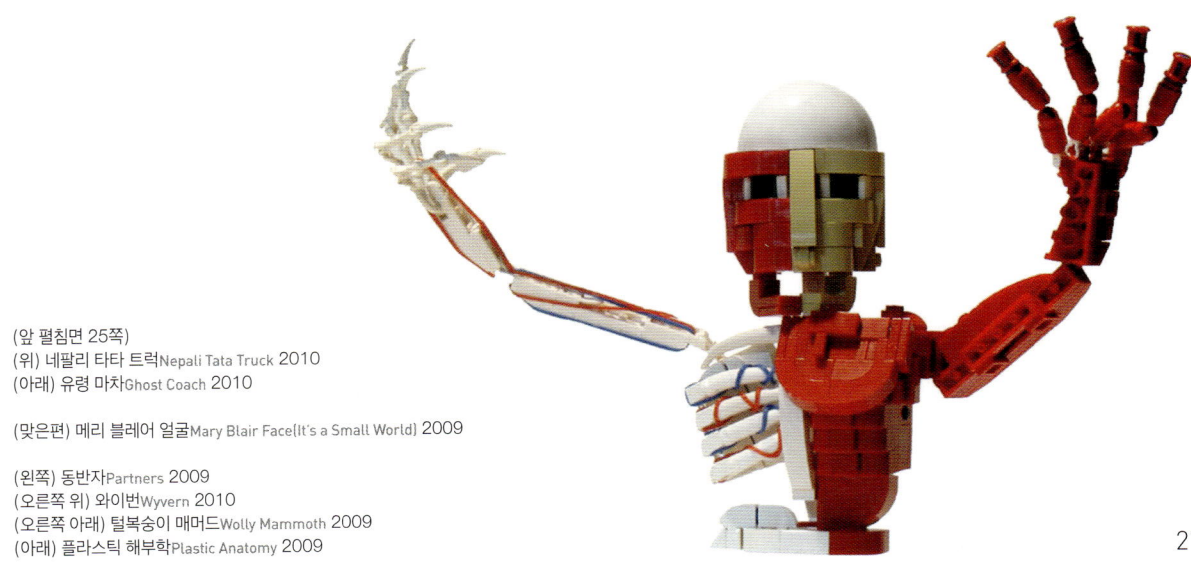

(앞 펼침면 25쪽)
(위) 네팔리 타타 트럭 Nepali Tata Truck 2010
(아래) 유령 마차 Ghost Coach 2010

(맞은편) 메리 블레어 얼굴 Mary Blair Face(It's a Small World) 2009

(왼쪽) 동반자 Partners 2009
(오른쪽 위) 와이번 Wyvern 2010
(오른쪽 아래) 털복숭이 매머드 Wolly Mammoth 2009
(아래) 플라스틱 해부학 Plastic Anatomy 2009

(맞은편) 빅 썬더 마운틴 레일로드(디즈니랜드)Big Thunder Mountain Railroad 2009
(왼쪽 위) 스플래시 마운틴(디즈니랜드)Splash Mountain 2009
(오른쪽 위) 정글 크루즈(디즈니랜드)Jungle Cruise 2009

큐브듀드™ 앵거스 맥레인
Angus MacLane

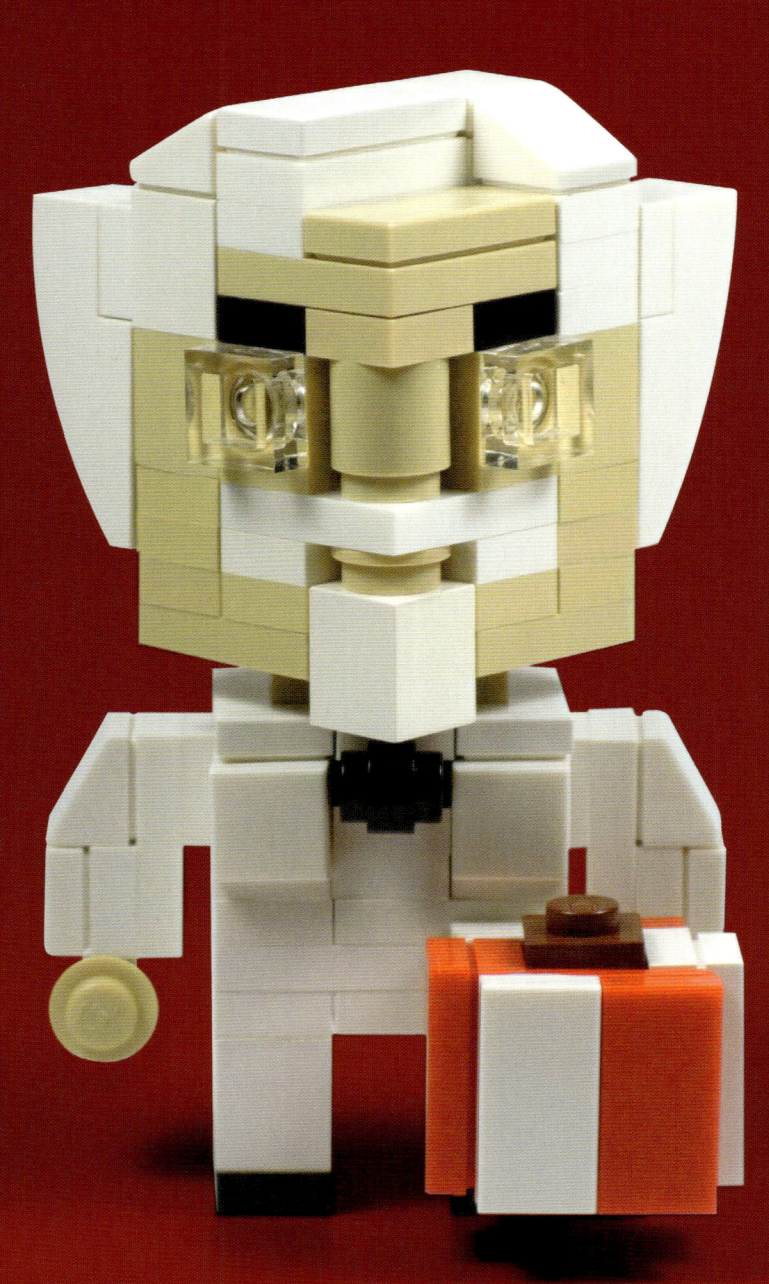

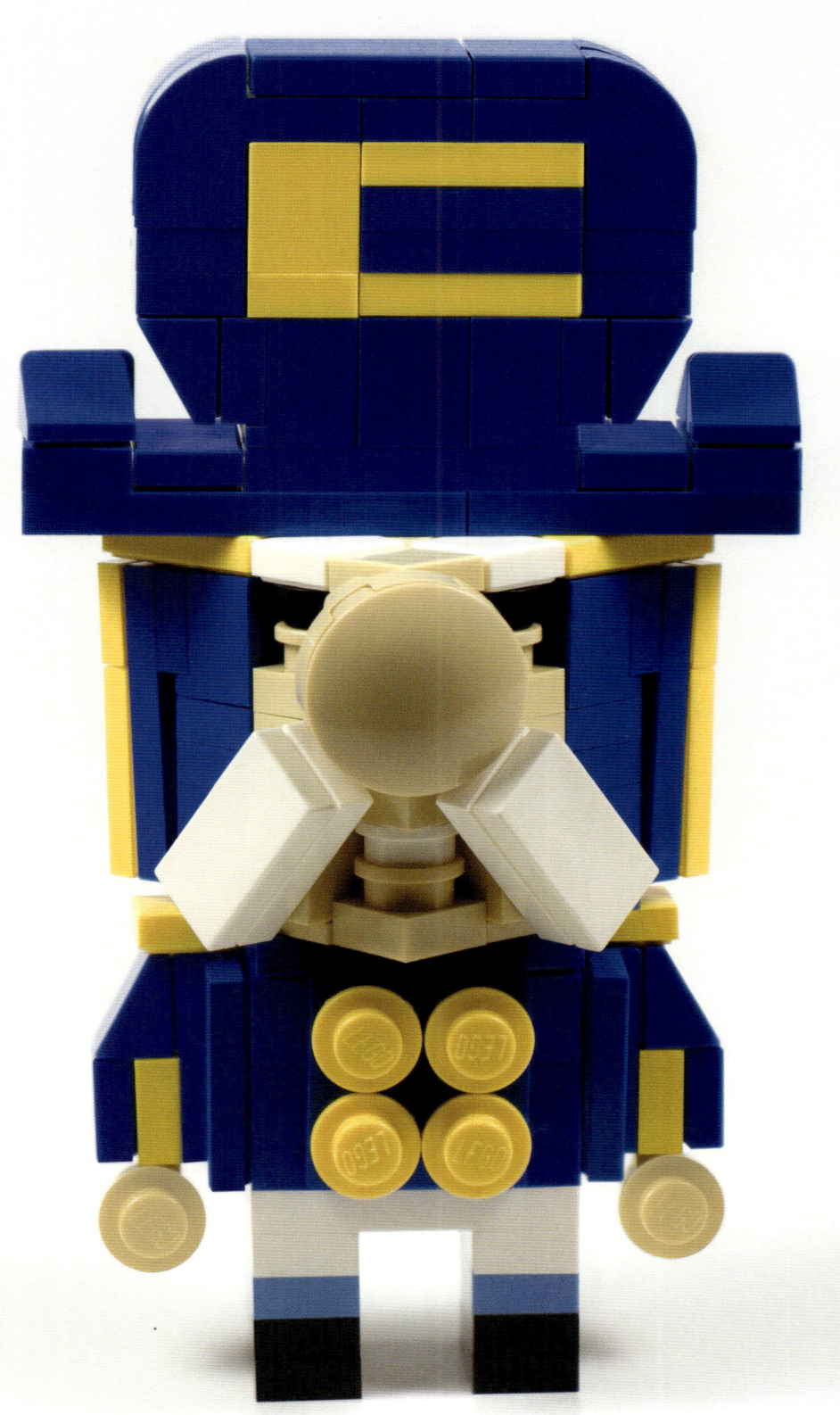

앨리스에게 물어봐

매트 암스트롱 Matt Armstrong
(맞은편 위) 봐, 열쇠구멍으로 누가 나왔어Look Who Fell Through the keyhole 2010

토미 윌리엄슨 Tommy Williamson
(맞은편 아래) 앨리스와 모자장수Alice & Hatter 2010

제이슨 헬트브리들 Jason Heltebridle
(위) 미니랜드의 앨리스Alice in Miniland 2011

제이슨 헬트브리들 Jason Heltebridle
(위) 트위들 디와 트위들 덤 Tweedle Dee & Tweedle Dum 2011

앵거스 맥레인 Angus MacLane
(맞은편 위) 큐브듀드 애벌레 CubeDude Caterpillar 2010

타일러 클라이츠 Tyler Clites
(맞은편 아래) 레고랜드의 앨리스 Alice in LEGOLAND 2009

에드워드 컨퀘스트 Edward Conquest
(맞은편) 하트여왕의 성 Queen of Hearts Castle 2009

타일러 클라이츠 Tyler Clites
(위) 크로켓 할 줄 아니? Do You Play Croquet? 2009

브릭 아트 네이션 사와야
Nathan Sawaya

왜 레고일까요? 많은 이유가 있겠지만, 레고의 가장 큰 매력은 상상할 수 있는 것이라면 무엇이든 만들어 낼 수 있다는 사실입니다.

저는 어렸을 때부터 레고 브릭을 가지고 놀았습니다. 10살 정도 되었을 때 부모님께 강아지를 한 마리 키워도 되냐고 물었는데 안 된다고 하셨습니다. 그래서 제가 어떻게 했을까요? 레고로 실제 크기 만한 강아지를 만들었습니다. 그 순간 저는 레고라는 장난감은 모든 장난감을 대신할 수 있다는 사실을 깨달았습니다. 록스타 흉내를 내고 싶은 날에는 레고로 기타를 만들었고, 우주비행사가 되고 싶은 날에는 로켓을 만들었습니다. 불가능이란 없었습니다.

예술가가 되기로 마음먹었을 때 레고라는 단순한 어린이용 장난감을 미술관이나 박물관에 전시할 만한 수준으로 만들어 보리라 결심했습니다. 오늘날 실제로 저는 전 세계를 돌아다니며 '디 아트 오브 더 브릭The Art of the Brick'이라는 제목으로 작품 전시회를 열고 있습니다.

제가 레고 브릭을 작품 재료로 사용하는 까닭은 레고처럼 친숙한 소재로 만든 예술 작품을 보았을 때 사람들이 보여주는 반응 때문입니다. 수많은 아이들이 레고를 가지고 놀고 있고, 어른이라고 할지라도 레고를 한 번 이상 만져보지 않은 사람은 거의 없습니다. 박물관에서 대리석으로 만든 조각품을 보며 누구나 감탄할 수는 있지만 집에 돌아가 바로 대리석에 조각을 해 볼 수 있는 사람이 몇이나 될까요? 그에 비해 레고는 거의 어느 집에나 있습니다. 제 전시회를 본 후 뭔가 영감을 받은 사람이 있다면 집에 돌아가자마자 레고로 무엇인가를 만들었을 것입니다.

제가 레고를 좋아하는 또 하나의 이유는 네모반듯하게 딱 떨어지는 레고 브릭의 형태 때문입니다. 세상의 모든 것이 그렇듯이 그것은 보는 관점의 문제입니다. 제 작품을 가까이에서 보면 깍두기 같은 브릭들을 뚜렷하게 볼 수 있습니다. 하지만 조금 멀리 떨어져 바라보면 네모나고 곧바르기만 하던 그 브릭들이 우아한 곡선을 만들어 내고 있음을 알게 됩니다. 이것이 바로 제가 레고 브릭을 사랑하는 까닭입니다. 전 제가 만든 조형물이 레고로 만들어졌다는 사실이 행복합니다. 레고로 만들었다는 것을 숨길 이유가 없습니다. 커다란 형태를 이루고 있는 그 작은 개별적인 브릭들에 사람들이 좀 더 주목해주면 좋겠습니다.

레고로는 만들지 못할 것이 없고 따라서 정해진 규칙도 없습니다.

레고로 저는 놀라운 경험을 했습니다. 제가 만든 작품들은 전 세계를 돌며 전시되고 있습니다. 홍콩, 파리, 케이프타운, 멜버른, 뉴욕, 로스엔젤레스 그리고 심지어는 캔사스의 토피카에까지 제 작품이 전시되리라는 것을 누가 알았겠습니까? 그리고 레고 작품 덕분에 제가 안드레 아가시Amdre Agassi, 코난 오브라이언Conan O'Brien, 데이비드 카퍼필드David Copperfield, 워렌 비티Warren Beatty 그리고 클린턴Clinton 대통령 같은 유명한 사람들까지 만날 수 있으리라고 누가 짐작이나 했을까요? 레고의 가능성은 정말 끝이 없습니다. 여러분, 여러분이 레고로 이루고 싶은 꿈은 무엇입니까?

계단Stairway 2009

빨간 드레스 Red Dress 2013

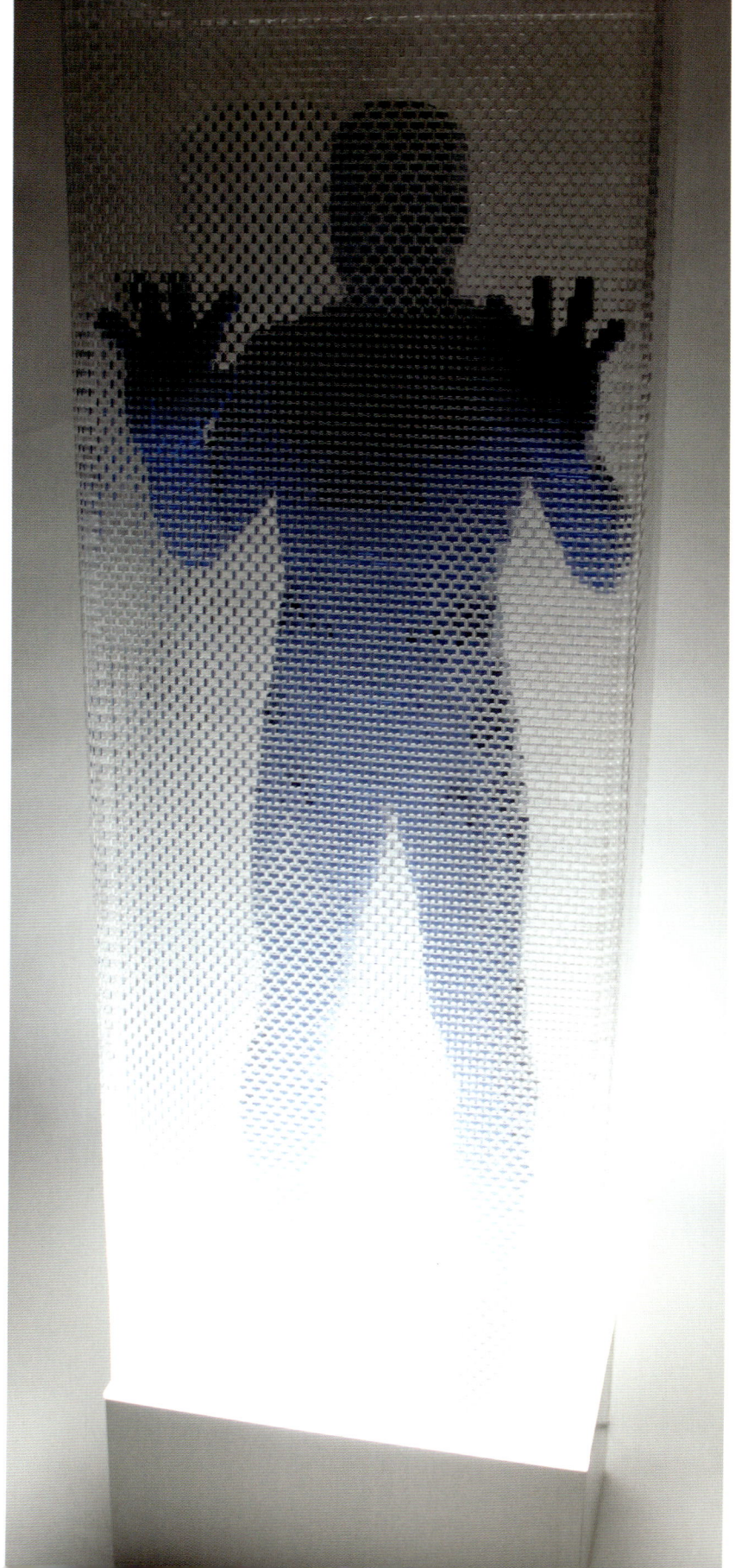

(맞은편) 냉동 인간 Frozen Figure 2011
(오른쪽) 녹아내리는 사람 Melting Man 2011

괴물, 외계인, 상상 속의 존재들

타일러 클라이츠 Tyler Clites
(맞은편) 얼음의 낙원 Paradise Frost 2012

네이선 프라우드러브 Nathan Proudlove
(위) 오드리2 Audrey2 2008

알렉스 포틱Alex Fojtik
(왼쪽) 부화The Hatchery 2009

네이선 프라우드러브Nathan Proudlove
(오른쪽) 케이터크롤러Catercrawler 2012

로버트 하임Robert Heim
(맞은편) 왕실 로봇Royal Robots 2011

레이랜드 리베로Rayland Libero
(위) 츠-카 기술자Tsu-Ka Technician 2011

이로 오코넨Eero Okkonen
(맞은편) 고트룬드Gortrund 2011
(위) 카르메나Karmenna 2010

이로 오코넨 Eero Okkonen
(맞은편 위) 네이바 Neyva 2010
(맞은편 아래) 카트리에나 Kathrienna 2011
(아래) 눈사람 The Snowman 2010

A. 앤더슨 A. Anderson
(위) 외계 사이보그 우주 비행사 Alien Cyborg Astronaut 2010

섀넌 스프룰Shannon Sproule
(맞은편 위) 배틀비스트, 해마 비밀요원Secret Seahorse, Battle Beast 2010
(맞은편 아래) 배틀비스트, 공포의 범고래Thriller Whale, Battle Beast 2010
(위) 큐브듀드 ABC 워리어, 몽그롤Mongrol ABC Warrior CubeDude 2009

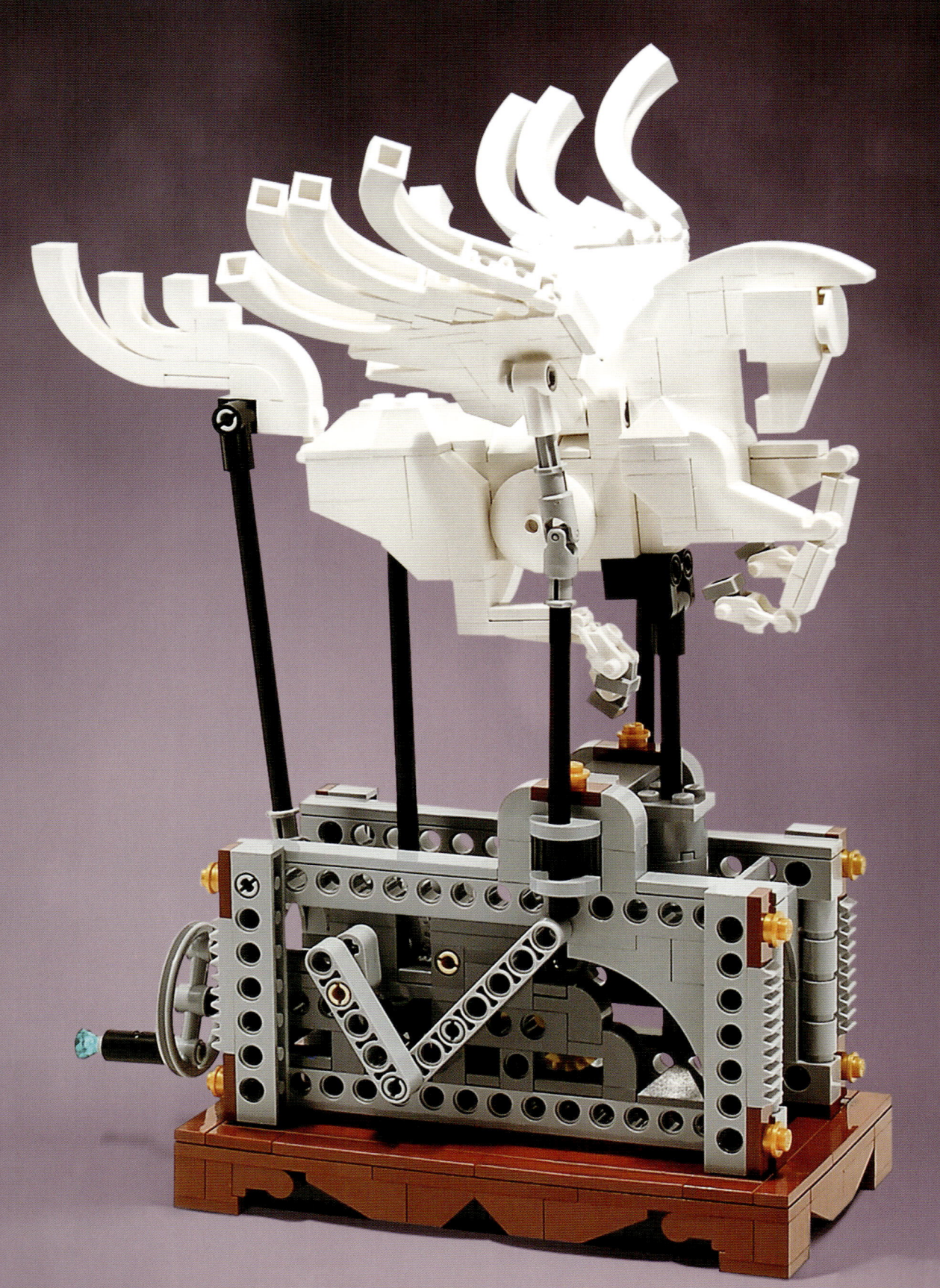

아미다Amida
(맞은편) 천마 오토마타Pegasus Automaton 2011

리노 마틴스Lino Martins
(위) 켄타우로스 - 영웅 아약스Centaur - Ajax the Great 2010

앙증맞은 작은 새들 토마스 폴섬
Thomas Poulsom

플라스틱 동물원

아미다Amida
(위) 치와와Chihuahua 2011

황 신카이黃信凱
(맞은 편) 웨스티Westie 2012

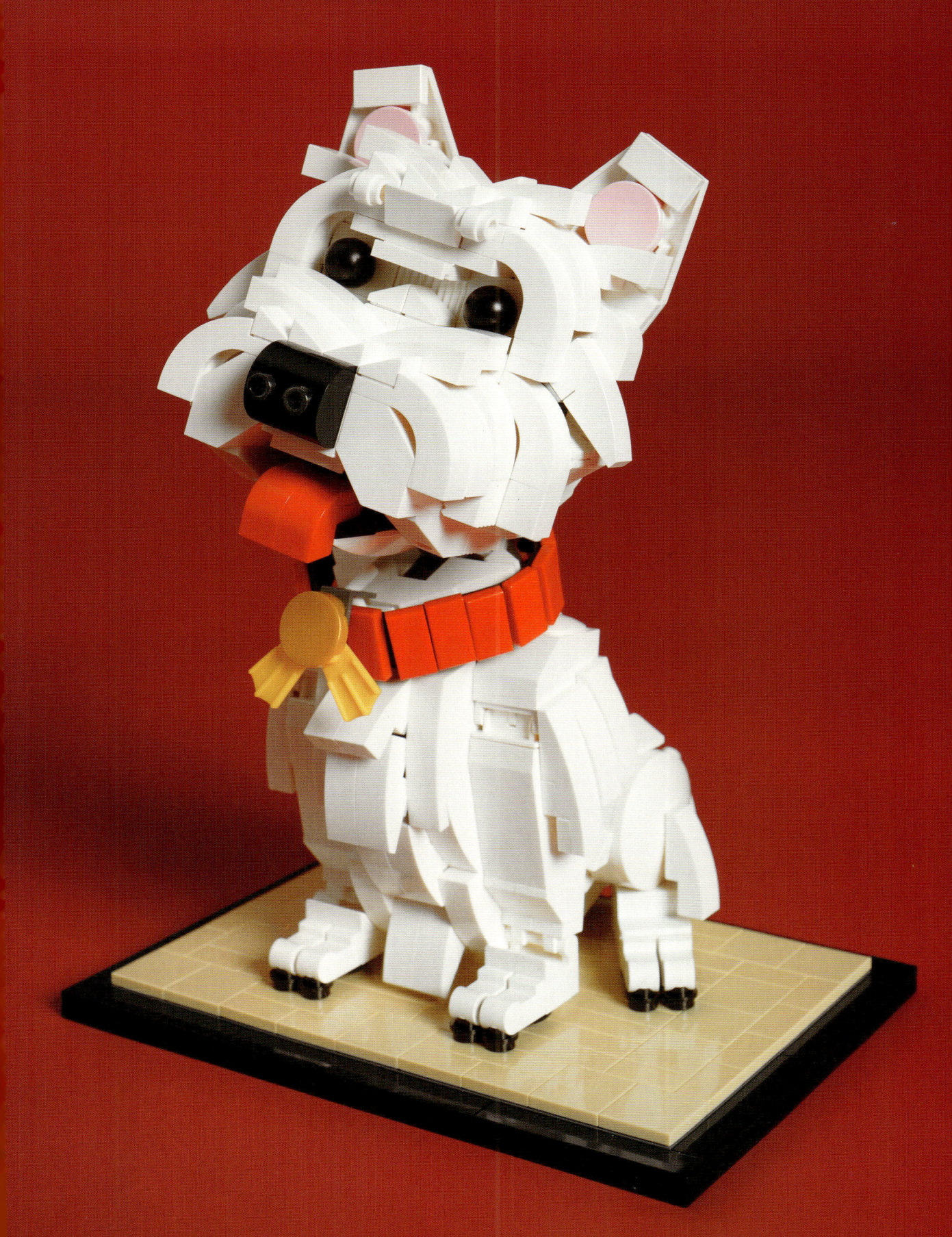

타일러 클라이츠Tyler Clites
(위) 야참Midnight Snack 2012

아미다Amida
(맞은편) 클라운 아네모네 피시Clown Anemone Fish 2011

가브리엘 톰슨Gabriel Thomson
(맞은편) 뉴 홀란드 꿀빨이새New Holland Honeyeater 2011

에릭 콘스탄티노Eric Constantino
(왼쪽) 왕눈이 레고 오리Big Eyed LEGO Duck 2006
(오른쪽) 왕눈이 레고 공작새Big Eyed LEGO Peacock 2011

미사카MisaQa
(아래) 새Birds 2005

데이브 칼레타 Dave Kaleta
환경 보호는 쉽지 않아(해부된 개구리) It's Not Easy Being Green(Dissected frog) 2010

타일러 클라이츠Tyler Clites
(맞은편) 흰 대왕 앵무조개Great White Nautilus 2009

미사카MisaQa
(위) 달팽이들Snails 2004

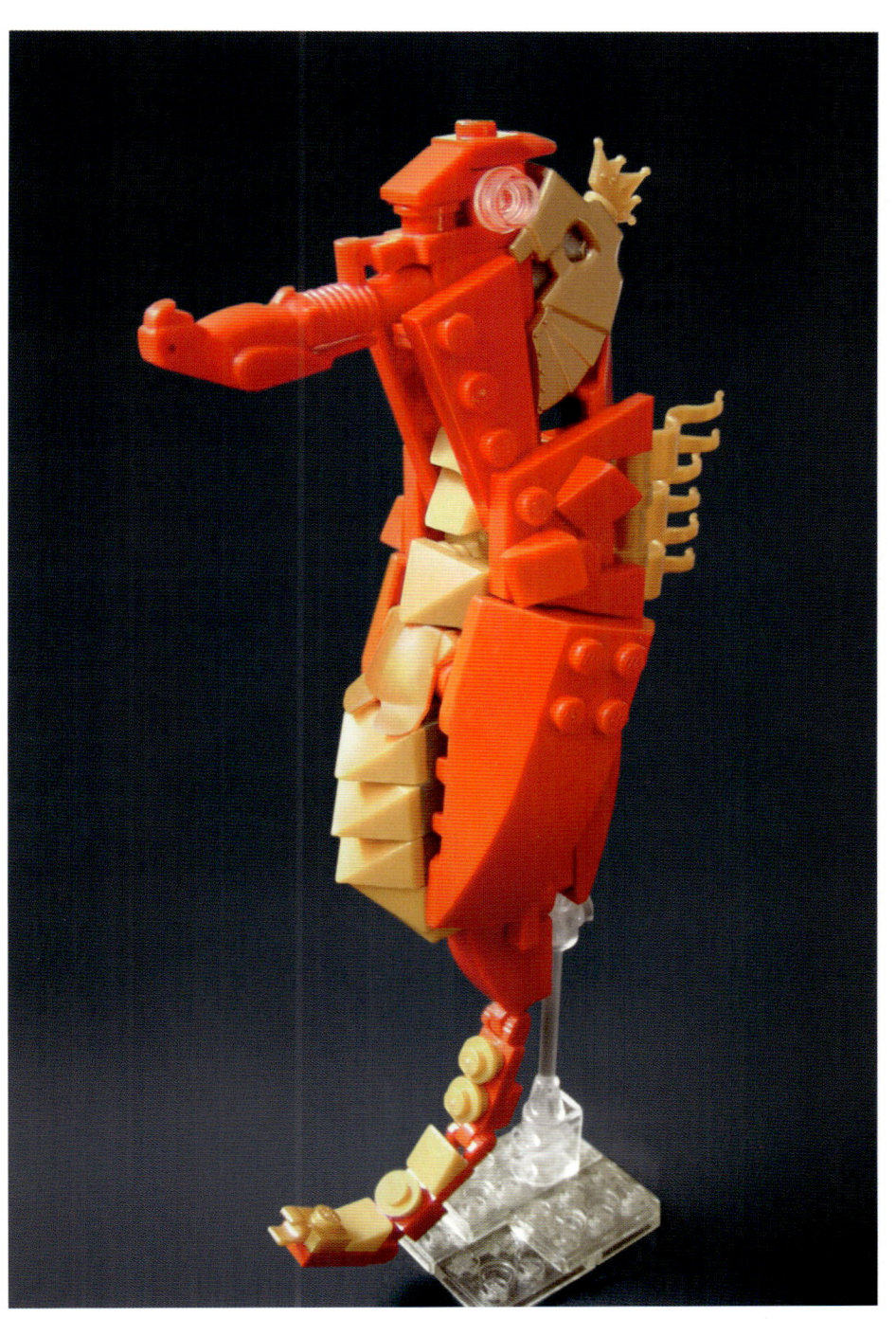

팀 고다드Tim Goddard
(맞은편) 앞다리를 들어 올린 종마Rearing Stallion 2011

스벤 중가Sven Junga
(위) 해마Seahorse 2011

바이오니클 마이크 니베스
Mike Nieves

왜 레고일까요? 전 만드는 것을 좋아합니다. 어렸을 때부터 새로운 것을 만들기 좋아했습니다. 창의력을 발휘할 수 있는 많은 재료 중에 저는 레고를 으뜸으로 칩니다. 어릴 적부터 저는 그 장점을 익히 알고 있었습니다. 레고는 한 번 조립했다고 끝나는 것이 아닙니다. 완전히 분해해서 몇 번이고 다시 만들 수 있습니다. 레고에 돈을 투자하면 그 돈이 어디로 사라지지 않고 고스란히 남는다는 의미입니다. 물감을 비롯한 다른 미술 재료와는 다른 점입니다. 수정하기도 쉬워서 중간에 실수를 저질렀다고 해서 완전히 처음부터 다시 시작할 필요가 없습니다. 청소하기도 크게 어렵지 않습니다. 레고는 정말 저와 천생연분인 것 같습니다. 저는 레고가 가진 단순함과 복잡함이라는 양면을 모두 사랑합니다.

저는 다소 크기가 작은 작품을 만드는 편입니다. 사실 큰 작품을 만들 만큼 가지고 있는 부품이 넉넉하지 않습니다. 제가 좋아하는 주제는 동물이나 사람 그리고 상상 속의 존재입니다. 세부적인 특징을 표현하자면 어느 정도 작품의 크기가 있어야 합니다. 지나치게 작게 만들자면 중요한 특징을 살릴 수 없기 때문입니다. 그래서 저는 작품의 크기도 적당하고 세부 묘사도 부족함이 없는 저만의 작품 스타일을 고안해냈습니다.

저는 레고의 모든 부품을 가리지 않고 사용합니다. 테크닉 Technic 부품은 뼈대를 만들기에 좋고 바이오니클 Bionicle 이나 히어로 팩토리 Hero Factory 부품은 움직이는 관절을 만들기에 적합합니다. 세부 묘사를 할 때엔 시스템 System 부품을 주로 사용하지만 작품의 전체적인 조화를 위해서 바이오니클이나 히어로 팩토리 부품과 함께 사용해도 크게 위화감이 없는 특정한 시스템 부품만을 사용합니다. 작품 스타일은 단순하지만, 저만의 의도가 있습니다. 성격이 완전히 다른 계열의 부품들을 조화롭게 섞어 사용하는 것은 쉽지 않은 일이지만, 저는 이제 그런 쪽으로 경험이 풍부하다고 할 수 있습니다.

(맞은편) 턱수염 올라프Olaf the Bearded 2011
(위) 늑대Wolf 2010

(위) 맬릭Malrik 2011
(맞은편) 할리 퀸Harley Quinn 2011

개성만점 캐릭터들

폴 리 Paul Lee
(위) 소형 미식축구 선수 Minibuild Football Player 2009

네이선 프라우드러브 Nathan Proudlove
(맞은편) 단란한 가족 Family Portrait 2011

타일러 클라이츠 Tyler Clites
(맞은편) 할아버지! 제 때수건 쓰지 마세요!Grandpa! You better not be using my loofah again! 2012
(위) 하찮은 브루시'mere Brucy 2012

아미다Amida
(위) 설빔Greetings in Hanbok 2012

폴 리Paul Lee
(맞은편) 큐브듀드 브이 포 벤데타CubeDude V for Vendetta 2009

가이 힘버Guy Himber
(맞은편) 셰익스피어Shakespeare 2010
(위) 도살자 빌Bill the Butcher 2011

가이 힘버Guy Himber
(맞은편) 스코틀랜드 친구Shaggy Caffeine 2011

이안 히스Iain Heath
(위) 찾는 사람이 임자Finders Keepers 2012

토미 윌리엄슨Tommy Williamson
(맞은편) 잭 스패로우와 바르보사Jack Sparrow & Barbossa 2011

A. 앤더슨A. Anderson
(왼쪽) 모트Mort 2010
(오른쪽) 피에르Pierre, Of Course 2010

페테리스 스프로기스Peteris Sprogis
(맞은편) 크랙헤드와 허니 백 맨Crackhead & Honey Bag Man 2010
(위) 파티광들Party Animals 2011

페테리스 스프로기스Peteris Sprogis
(맞은편) 스파클리와 바클리Sparkly & Barkly 2010

타일러 클라이츠Tyler Clites
(위) 유령은 괴로워Sometimes It Sucks to Be a Ghost 2012

꽃단장 미사카
MisaQa

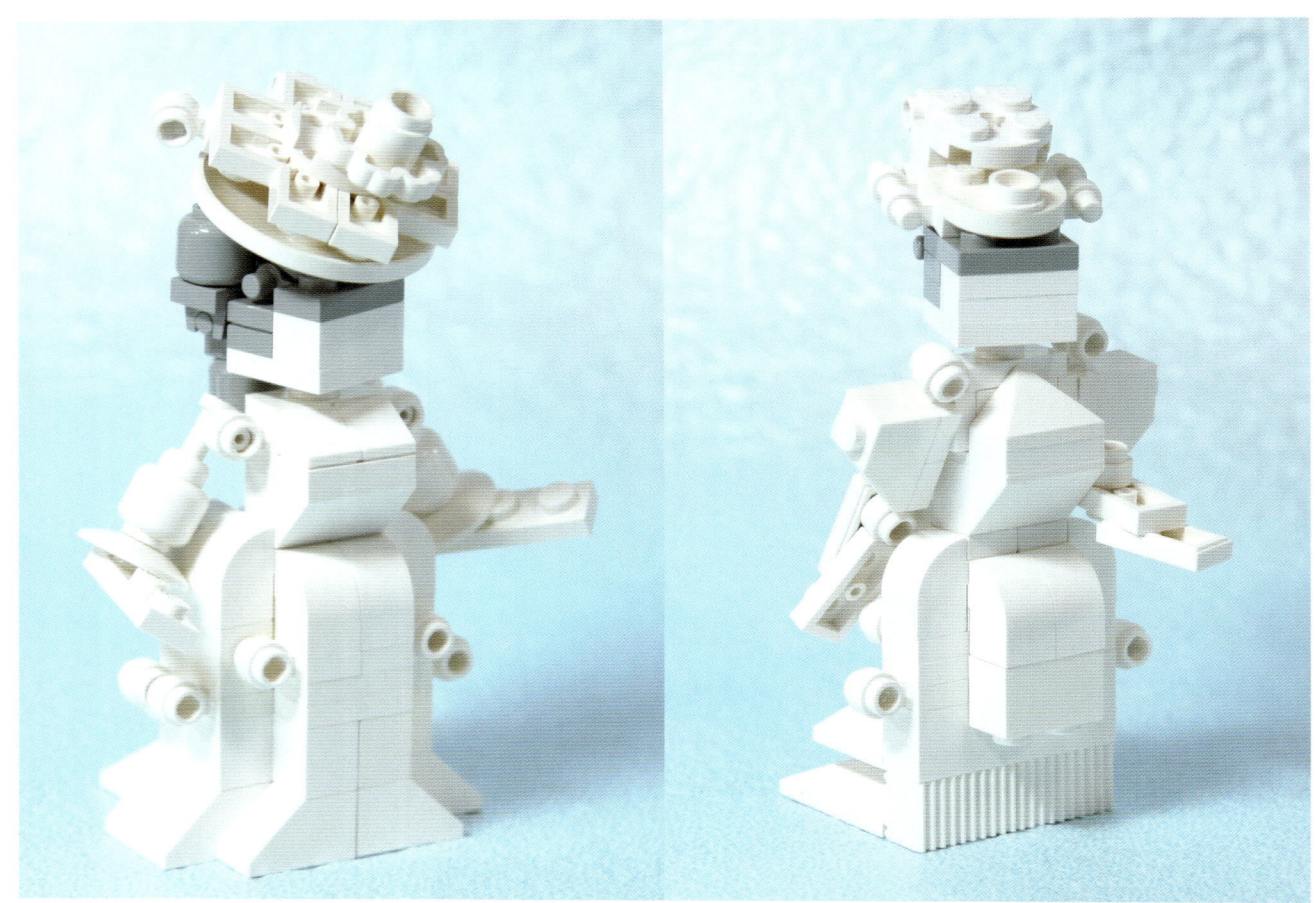

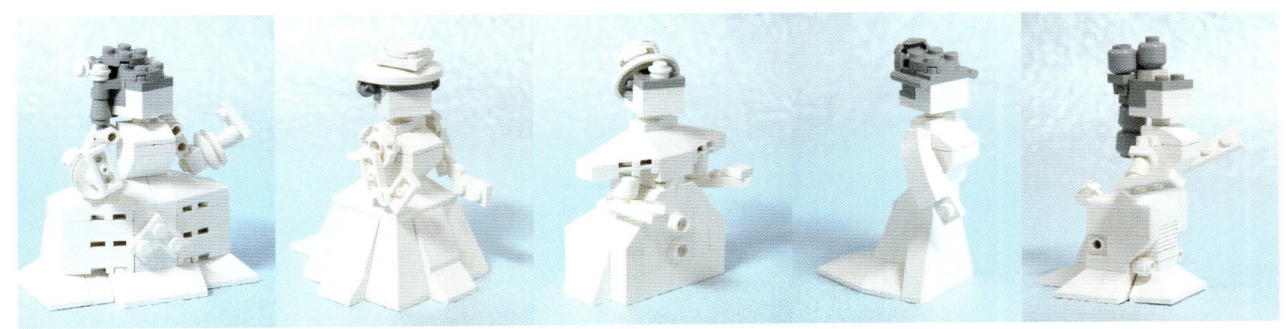

랜드마크 빌딩 아서 구직
Arthur Gugick

자기소개 좀 부탁드립니다.

저는 뉴욕에서 나고 자랐습니다. 1967년, 17살 되던 해 생일 선물로 받은 레고가 제 인생 최초의 레고입니다. 그 후로 레고를 그만둔 때가 없었으니까 42년 동안 레고를 한 셈입니다. 저는 수학 교사로 일한 지 25년 되었습니다.

레고로 랜드마크 건물을 만든 지는 얼마나 되었나요?

제가 만든 최초의 '랜드마크' 건물은 저의 집입니다. 새 집으로 이사했을 때 다락방에서 집 설계도를 발견하고는 레고로 만들어 보았습니다. 진짜 랜드마크라면 〈타지마할Taj Mahal〉이 처음입니다. 만들고 나서 워싱턴포스트, 클리블랜드 방송국 등에 소개되어 유명세를 치르기도 했습니다. 다음으로는 〈린드허스트 성Lyndhurst Castle〉을 만들었는데, 어떤 대회에 출품해서 1등상을 수상했던 것으로 기억합니다. 사람들의 열광적인 호응에 힘입어서 그 후로도 계속 랜드마크 건물을 만들고 있습니다.

건물을 선정하는 특별한 기준이나 방법이 있나요?

그것이 가장 어려운 부분입니다. 저는 되도록 많은 사람들이 제 작품을 보고 공감할 수 있길 바라기 때문에 일부러라도 사람들에게 잘 알려진 건물을 선택합니다. 유명한 건물 200개 정도를 목록으로 만들어 놓았고 그 목록에 따라 꾸준히 만들어 가고 있습니다. 그 중에서 지금까지 약 50개를 제작하였습니다. 가끔은 같은 건물을 스케일을 달리해서 만들어 보기도 합니다. 미국의 독립 기념관Independence Halls이나 파리의 개선문Arcs De Triomphe은 세 가지 스케일로 제작한 바 있습니다. 저는 책에서 멋진 랜드마크를 보면 그 즉시 만들지 않고는 못 배기는 경향이 있습니다. 〈앙코르와트Angkor Wat〉와 〈몽 생 미셸Mont-Saint-Michel〉이 그런 경우입니다. 때로는 실력을 테스트 해보기 위해 일부러 지극히 만들기 어려울 것 같은 건물을 선택해 도전해보기도 합니다. 또는 의뢰를 받아서 제작하는 경우도 있는데, 그 경우엔 제가 아니라 건물이 저를 선택한다고 할 수 있겠습니다.

작품을 만들기 전에 계획하고 구상하는 시간이 많이 걸리는 편인가요?

도서관이나 인터넷을 통해 사전 조사를 많이 해야 합니다. 그밖에도 청사진과 입면도 그리기, 스케일 바꿔보기, 캐드 설계하기, 테스트 버전 만들기 등 할 일이 많습니다. 로마의 콜로세움Roman Coliseum이나 페트로나스 타워Petronas Towers처럼 수학적 계산을 많이 해야 할 때도 있습니다. 이렇게 철저하게 준비하고 나면 레고 부품을 가지고 실제로 조립하지 않아도 완성된 작품의 모습을 눈앞에 훤히 그려볼 수 있을 정도가 됩니다.

특히 만들기 까다로웠던 건물은 무엇인가요?

수년 간 제가 생각하기에 이 건물을 정말 만들기 어렵겠다 싶은 것이 몇 개 있었습니다. 그 중에서 피사의 사탑The Tower of Pisa이나 상크트바실리 대성당St. Basil's Cathedral은 만들어냈습니다. 지금 작업 중인 것이 몇 개 있는데 이 책이 나올 즈음이면 한 개 정도는 완성할지도 모르겠습니다. 아직까지도 어떻게 만들지 감을 못 잡고 있는 건물은 런던의 30 세인트 메리 액스30 St Mary Axe입니다.

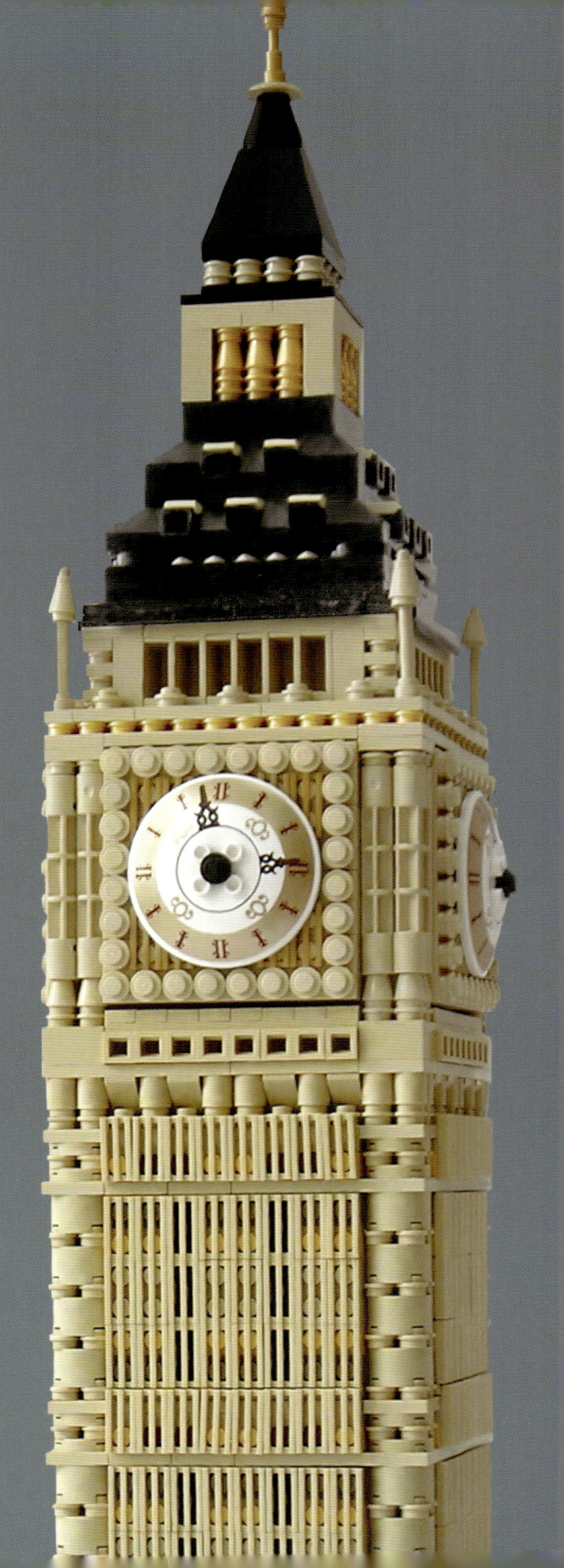

(맞은편) 앙코르와트 Angkor Wat 2010
(위) 바벨탑 The Tower of Babel 2011

작품에 따라서는 여러 가지 스케일로 제작하는 경우도 있다고 하였는데, 스케일은 어떻게 결정하는 것인가요?

건물의 특정 부분이 스케일을 결정하는 경우가 많습니다. ⟨백악관 The White House⟩은 창문을 기준으로 스케일을 정하였습니다. ⟨노트르담 대성당 Notre Dame⟩의 경우에는 건물 외부의 아치형 버팀벽을 기준으로 했습니다.

수학 교사답게 작품 제작에 수학적 지식을 십분 활용하는 것 같습니다. 수학적 배경이 특히 잘 반영된 작품이 있다면 무엇인가요?

⟨로마의 콜로세움⟩은 가로세로 비율이 6:7인 타원입니다. 타원 둘레를 구하는 것은 정원의 둘레를 구하는 것만큼 쉽지 않아서 미적분학을 통한 호의 길이 계산법으로 산출해야 했습니다. ⟨바위의 돔 The Dome of the Rock⟩을 만들 때에는 삼각법을 사용했습니다. 어떤 돔의 형태든 쉽고 정확하게 만들 수 있도록 간단한 컴퓨터 프로그램을 짜기도 했으니 필요한 분은 말씀하시길 바랍니다.

얼마나 자주 작업하나요?

클리블랜드에 새로 개점한 레고 매장에 지원한 적이 있습니다. 다른 많은 지원자들과 함께 집단 면접을 하였는데, 첫 번째 질문이 "마지막으로 레고를 가지고 논 것은 언제인가요?"였습니다. 제 앞 사람들의 대답은 "어렸을 때" "몇 년 전" 또는 "얼마 전 조카 집에 놀러 갔을 때"라는 식이었지만 저의 대답은 이랬습니다. "23분 전."

(맞은편) 몽 생 미셸 Mont-Saint-Michel 2010
(위) 솔즈베리 대성당 Salisbury Cathedral 2008

아트 오브 빌딩 마이크 도일
Mike Doyle

왜 레고일까요? 레고는 즉각적으로 결과물을 확인할 수 있습니다. 브릭을 하나 쌓으면 그것으로 끝이며 작품을 최종적으로 완성했을 때에도 그 브릭은 그 모습 그대로 남아 있습니다. 레고는 쉽습니다. 접착도 필요 없고 사포질도 필요 없으며 색칠에 대한 고민도 할 필요가 없습니다. 그냥 쌓기만 하면 됩니다. 그 덕분에 매 순간 작업이 어떻게 진행되어 가는지 쉽게 가늠해 볼 수 있습니다.

레고의 부품은 무척 다양합니다. 수천 가지 종류의 부품이 있고 그 부품들이 각각 다양한 색상으로 생산되고 있습니다. 그 다양함으로 인해 셀 수 없이 많은 종류의 조합이 가능하고 매번 새로운 느낌의 작품을 만들어 낼 수가 있습니다. 나무껍질, 썩은 나무, 잔디, 잡초, 뿌리, 눈, 진흙, 건물 장식은 물론 각양각색의 바위를 만들어 낼 수 있는데, 이 모든 것이 검정색과 흰색 그리고 두 가지 회색만으로 가능합니다.

비록 레고 부품 종류가 다양하기는 하지만 그래도 분명히 한계는 있고 부품 사용에도 기술적인 제한이 있습니다. 더군다나 소재가 단단한 플라스틱이다 보니 휘는 것도 불가능합니다. 또한 정해진 부품을 변형 없이 사용해야 하는 조립식 완구의 특성상 나무나 금속 또는 진흙 같은 일반적인 조형 재료로 작품을 만들 때만큼의 섬세한 표현은 불가능합니다.

하지만 저는 레고가 갖고 있는 그런 제약들을 오히려 즐깁니다. 그 한계를 극복하는 과정이 마치 복잡한 퍼즐을 맞추는 것처럼 재미있기 때문입니다. 각종 기발한 방법들을 동원해서 부품을 하나하나 조립해나가는 재미가 아주 쏠쏠하고, 레고로는 도저히 불가능할 것 같았던 것들을 조립해내면 사람들은 깜짝 놀라며 감탄을 합니다.

레고가 가진 한계를 극복하는 것이 제게 중요한 이유는, 그렇게 해야만 딱딱하고 기계적인 플라스틱 조각으로 만들어졌다는 인상을 주지 않는 자연스럽고 유기적인 느낌의 작품을 만들 수 있기 때문입니다. 레고 부품 중에도 간간히 비교적 유연하게 휘는 부품들이 있는데 그 부품들을 잘 활용하면 네모난 레고 부품을 사용하면서도 물 흐르는 듯한 곡선을 만들어 낼 수 있습니다.

이런 노력 끝에 만든 제 작품들은 표현 방법에 있어서 새로운 지평을 열었다고 할 수 있습니다. 예를 들어 〈진흙더미 위의 빅토리아풍 집 Victorian on Mud Heap〉이란 작품의 경우, 진흙더미를 만들기 위해 길고 잘 휘는 호스를 사용하였습니다. 먼저 호스들을 바닥에 그물 모양으로 깐 다음 적절히 구부려서 언덕 형태를 만듭니다. 이 호스들이 진흙더미를 이루는 뼈대가 됩니다.

얼핏 보면 진흙더미를 표현하기 위해 엄청난 양의 부품들을 차곡차곡 쌓아 묵직한 덩어리 형태로 만든 것처럼 보일 수도 있지만, 사실은 호스로 뼈대를 만든 후 그 뼈대 위에 부품을 살짝 얹어놓는 형식으로 결합하였기 때문에 속은 텅 비어있습니다.

이처럼 저는 단순하고 익숙한 장난감을 인상적인 예술 작품으로 만드는 것이 즐겁습니다. 평범한 장난감을 엄청난 수준으로 조립해 놓으면 사람들은 충격을 받습니다. 레고가 가진 한계를 극복해서 아름답고 의미 있는 예술 작품을 만드는 것은 대단히 매력적인 작업이며 언제까지라도 하고 싶은 일입니다.

지하실이 있는 이층집 Two Story with Basement 2010

진흙더미 위에 지은 빅토리아풍의 집 Victorian on Mud Heap 2011

조우 1: 오단, 칼인의 영원 성가대 천년 축하식 Contact 1: The Millennial Celebration of the Eternal Choir at K'al Yne, Odan 2013

도시 계획

히스 플로르 Heath Flor
(맞은편) 스몰리 대성당Smolny Cathedral 2012

재스퍼 요페 기어 Jasper Joppe Geers
(위) 문스트라트 경찰본부Muntstraat Police HQ 2011

스벤 융가 Sven Junga
(맞은편) 노이슈반슈타인 성 Schloss Neuschwanstein 2010

피트 화이트 Pete White
(위) 모래성 Sandcastle 2010

앨빈 쳉 Alvin Tseng
(맞은편 위) 시내 3 Downtown 3 2009
(맞은편 아래) 시내 1 Downtown 1 2008

토르스텐 본쉬 Thorsten Bonsch
(위) 스파이더맨 대 그린 고블린 - 프랭크 딜레인을 기리며 Spider-Man vs. Green Goblin - A Tribute to Frank dillane 2012

135

루크 허친슨 Luke Hutchinson
(맞은편) 저주받은 자들의 성역 Sanctuary of the Damned 2012

조던 슈워츠 Jordan Schwartz
(맞은편) 라푼젤의 탑 Rapunzel's Tower 2010

루크 허친슨Luke Hutchinson
(맞은편) 린디니스 바로Lindinis Varro 2012
(위) 레오다샴 저택Leodasham Manor 2012

두코 브루크만 Duco Brugman
악마의 목소리 The Voice of Evil 2012

선과 스테프 메이요 Sean and Steph Mayo
(맞은편 왼쪽) 폭포가 있는 성Micro Falls Fortress 2011

바니 메인 Barney Main
(맞은편 오른쪽) 나무 위의 성The Castle in the Canopy 2011
(위) 마지막 피난민The Last Evacuee 2012

루카츠 비크토로비치 Lukasz Wiktorowicz
(맞은편) 타르타로스Tartarus 2011

카슨 하트 Carson Hart
(위) 아이디피쿠스에 오신 걸 환영합니다Welcome to Aedificus 2012

루크 허친슨Luke Hutchinson
(맞은편) 그림 할로Grim Hollow 2012

타일러 클라이츠Tyler Clites
(위) 고통의 탑Tower of Torment 2008

마티아 글구이츠 Matija Grguric
(맞은편) 미야지마 도리이 Miyajima Torii 2011
(위) 티베트 Tibet 2011

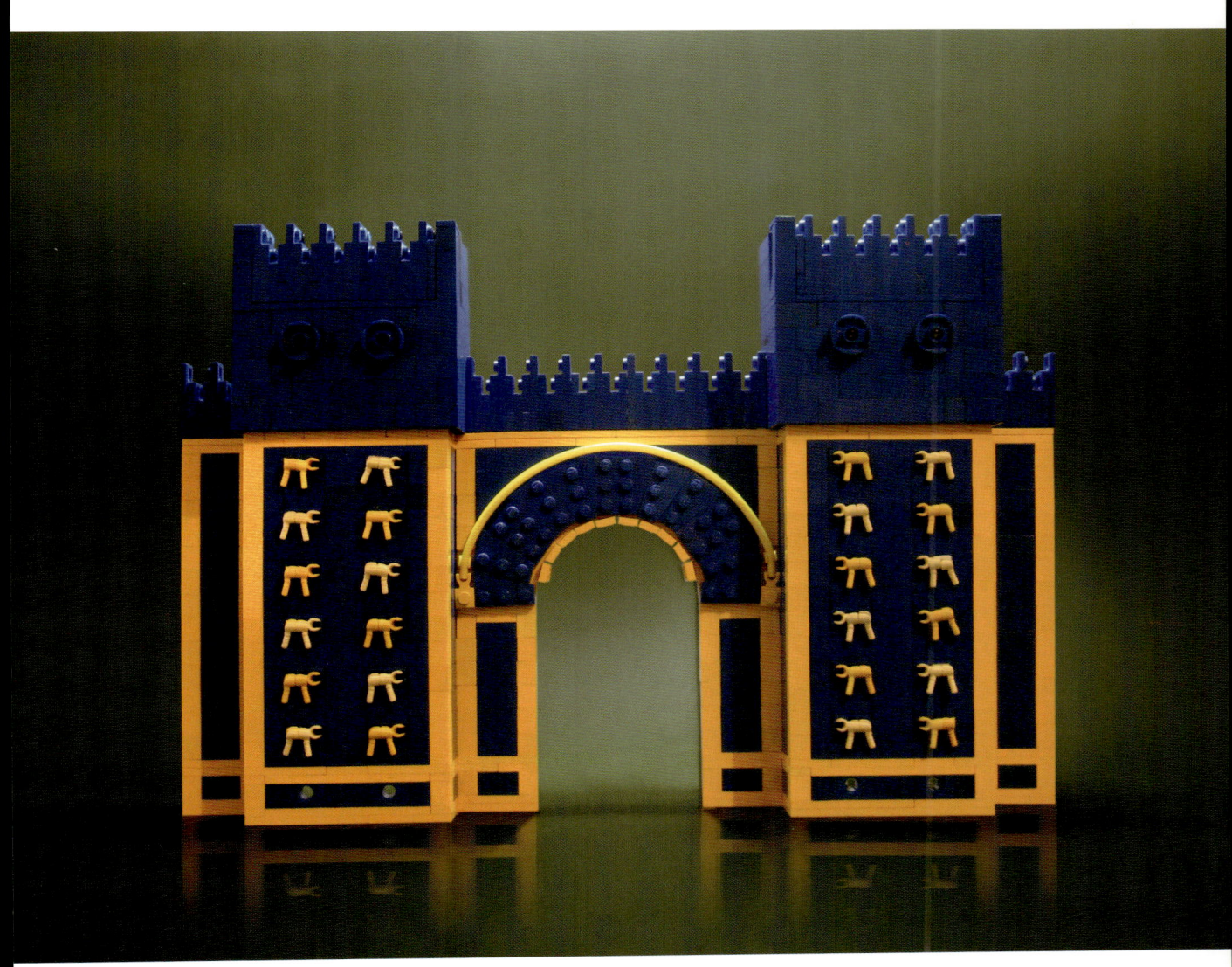

마티야 글구이츠 Matija Grguric
(맞은편) 일본식 탑 Japanese Pagoda 2011

루카츠 비크토로비치 Lukasz Wiktorowicz
(위) 이슈타르 문 Ishtar Gate 2012

피터 앤더슨Peter Anderson
(맞은편) 올림푸스Olympus 2010

스테이시 스털링Stacy Sterling
(위) 세인트 폴 대성당St. Paul Cathedral 2011

크리스 말로이 Chris Malloy
(맞은편) 엘로나 신전 The Temple of Ehlonna 2012

제임스 페그럼 James Pegrum
(위) 유가티누스 신전 Temple of Jugatinus 2012

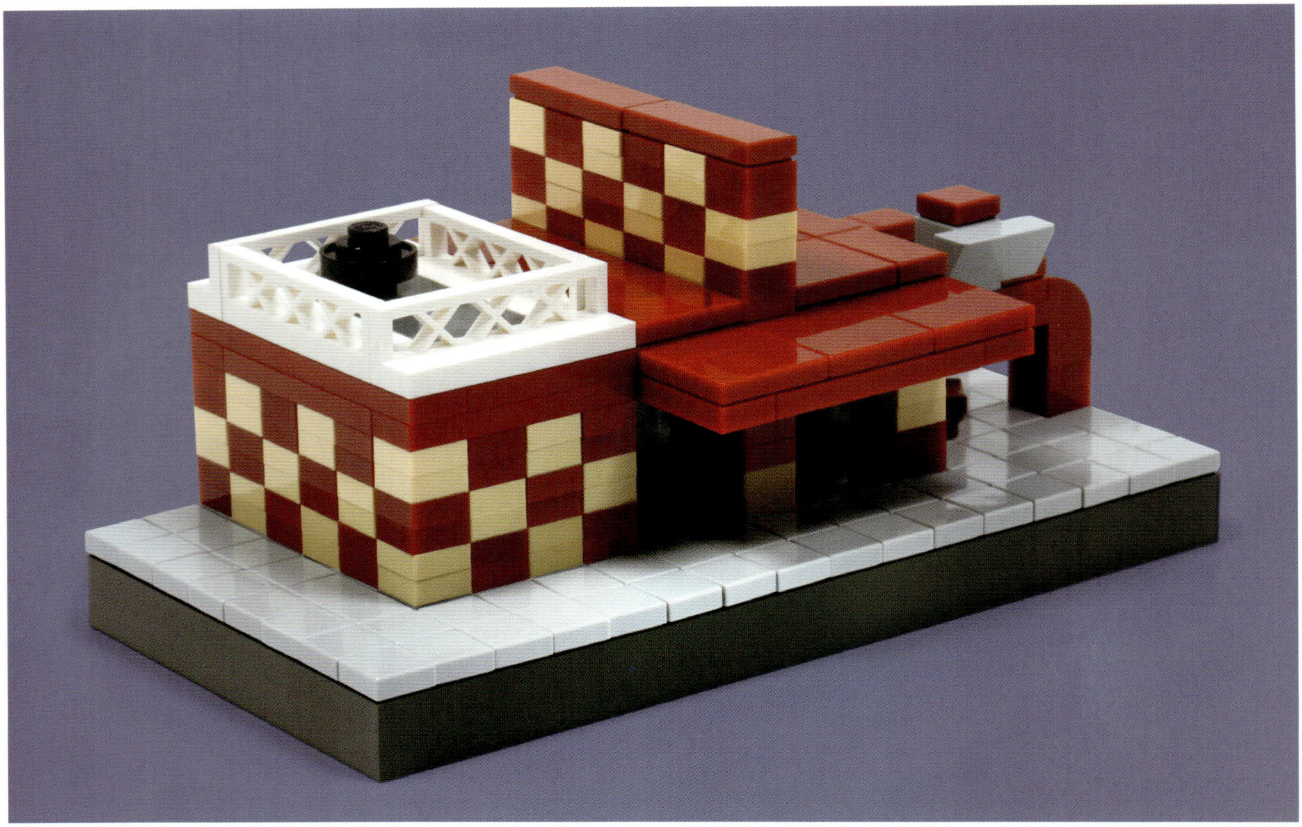

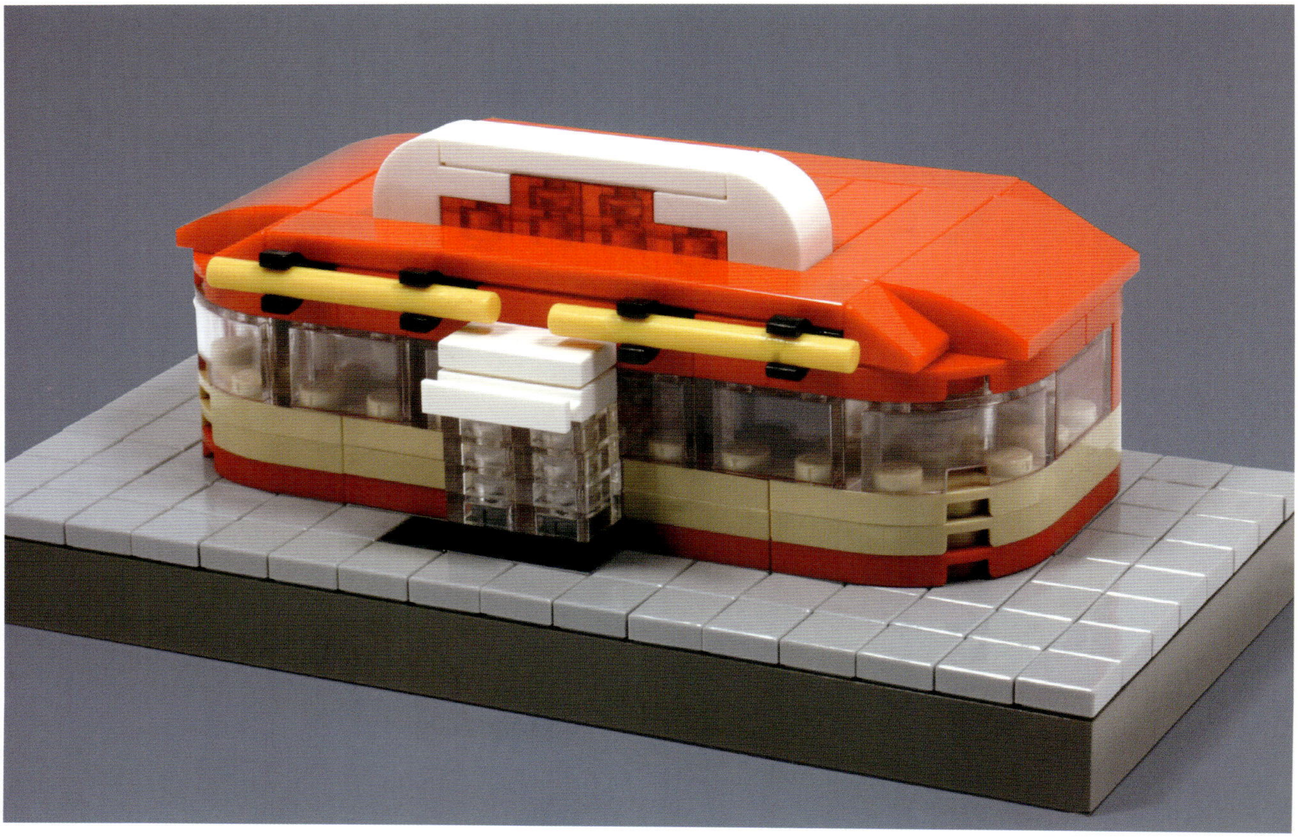

스테이시 스털링Stacy Sterling
(맞은편 위) 포키네 식당Porky's Diner 2011
(맞은편 아래) 미키네 식당차Mickey's Dining Car 2011
(위) 화이트 캐슬 레스토랑White Castle Restaurant 2011

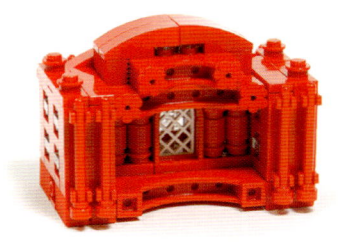

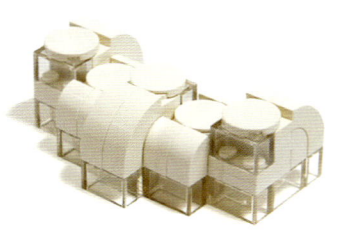

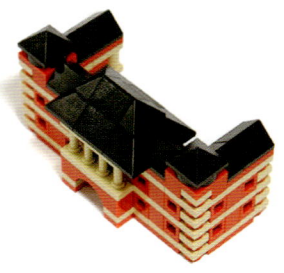

미사카 MisaQa
작은 마을 Little Town 2007/2009

섀넌 스프룰Shannon Sproule
(위) '황조롱이' 해변 빌라'Kestrel' Seaside Living 2010

J. 스팬서 레즈칼라J. Spencer Rezkalla
(맞은편) 뉴욕의 세계무역센터와 9/11 기념관World Trade Center & 9/11 Memorial, New York 2012

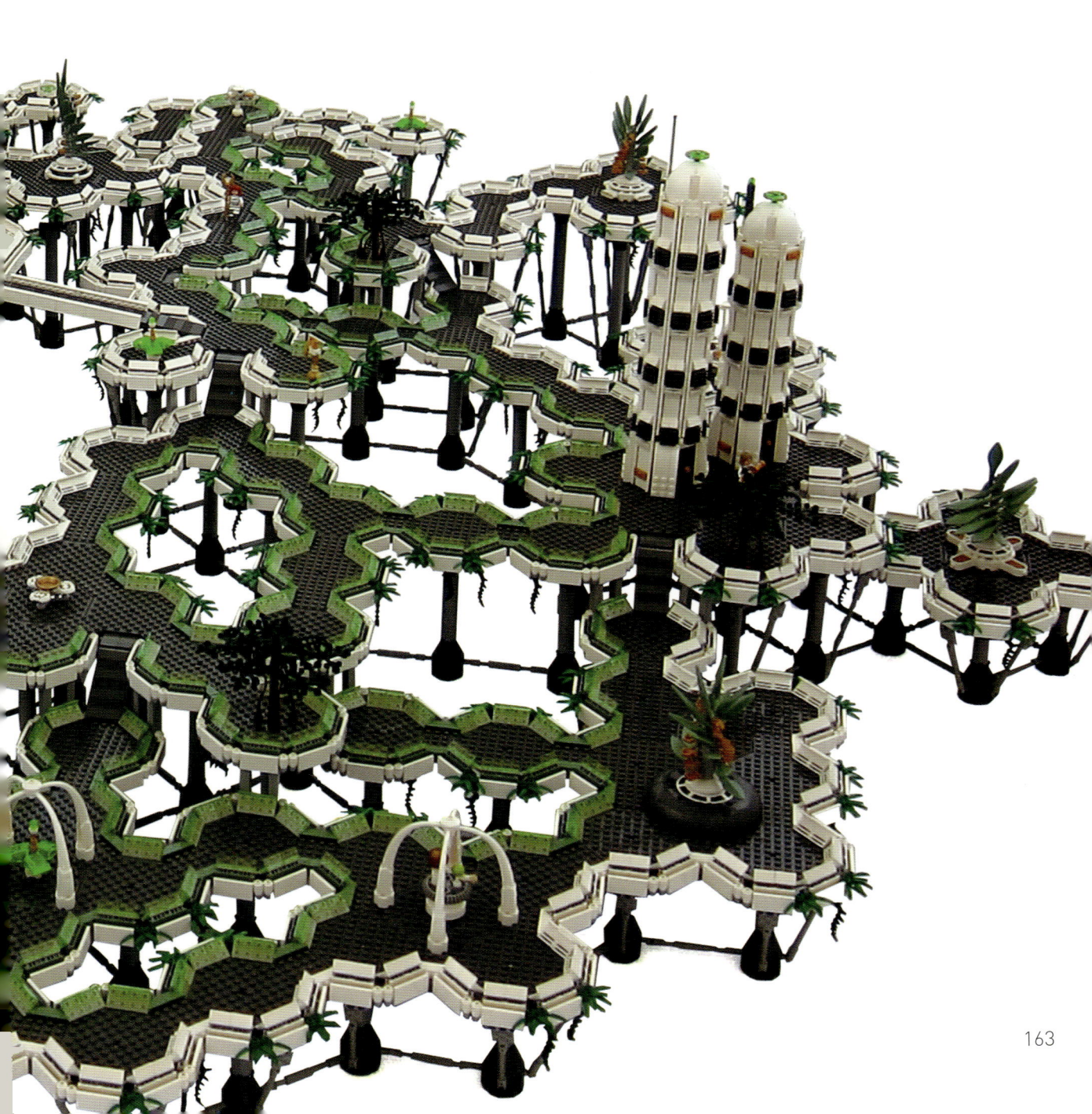

환상 속의 절규 나난 장
Nannan Zhang

왜 레고냐고요? 다들 그렇듯이 저도 어렸을 때부터 레고를 갖고 놀았습니다. 나이를 먹고 다른 사람들이 슬슬 레고를 그만두기 시작할 때 저는 온라인 레고동호회를 알게 되었고 난생 처음으로 성인 레고 팬들이 만든 레고 작품들을 보았습니다. 저는 그 작품들의 섬세함과 규모에 깜짝 놀라고 말았습니다. 눈으로 보고도 믿겨지지가 않을 정도였습니다. 그 순간 언젠가는 저도 다른 사람들에게 영감을 줄 수 있는 멋진 작품을 만들겠노라 결심하였습니다.

    레고의 매력 중 하나는 바로 표현적인 부분과 기교적인 부분에서 레고라는 재료가 갖고 있는 양면성입니다. 즉, 상상할 수 있는 모든 것을 레고로 표현할 수는 있지만 그러기 위해서는 다양한 레고 부품을 능수능란하게 다룰 수 있어야 합니다. 레고를 조립한다는 것은 예술 작품을 만드는 것임과 동시에 퍼즐을 푸는 것과도 같아서 그 두 가지 활동이 주는 즐거움을 한꺼번에 맛볼 수 있습니다.

(맞은편) 최후의 날 End of Days 2008
(위) 아마겟돈 Armageddon 2007

(맞은편) 신의 계시 Legacy of Vision 2008
(위) 침묵의 메아리 Echo of Silence 2009

모자이크 케이티 워커
Katie Walker

(위) 꼬인 매듭 3 Knotty Doodle 3 2011
(맞은편) 꽃잎에 대한 연구 Flower Petal Study 2012

(맞은편) 컬러 배리에이션 1 Color Variation 1 2010
(위) 모자이크 연습 Practicing Some More 2011

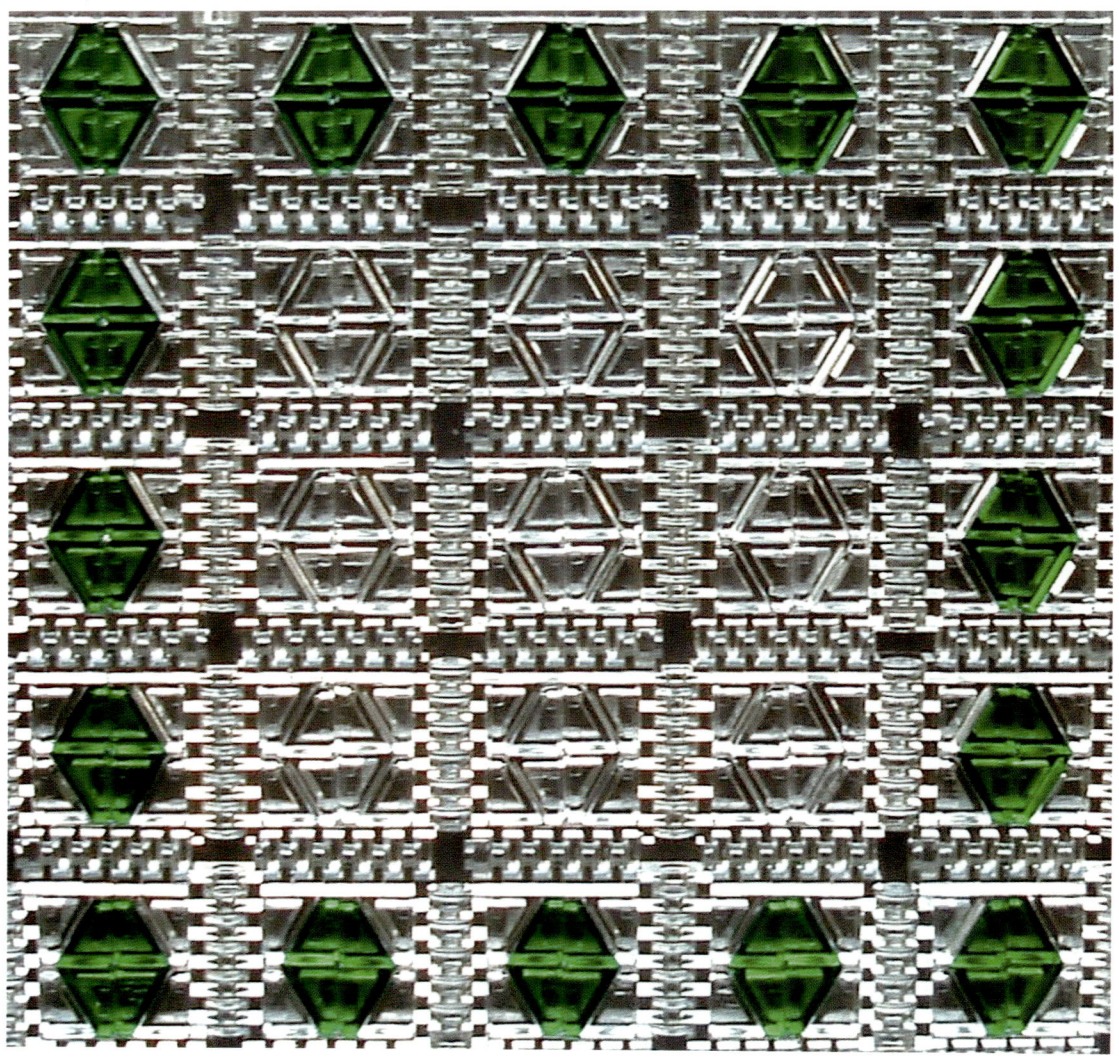

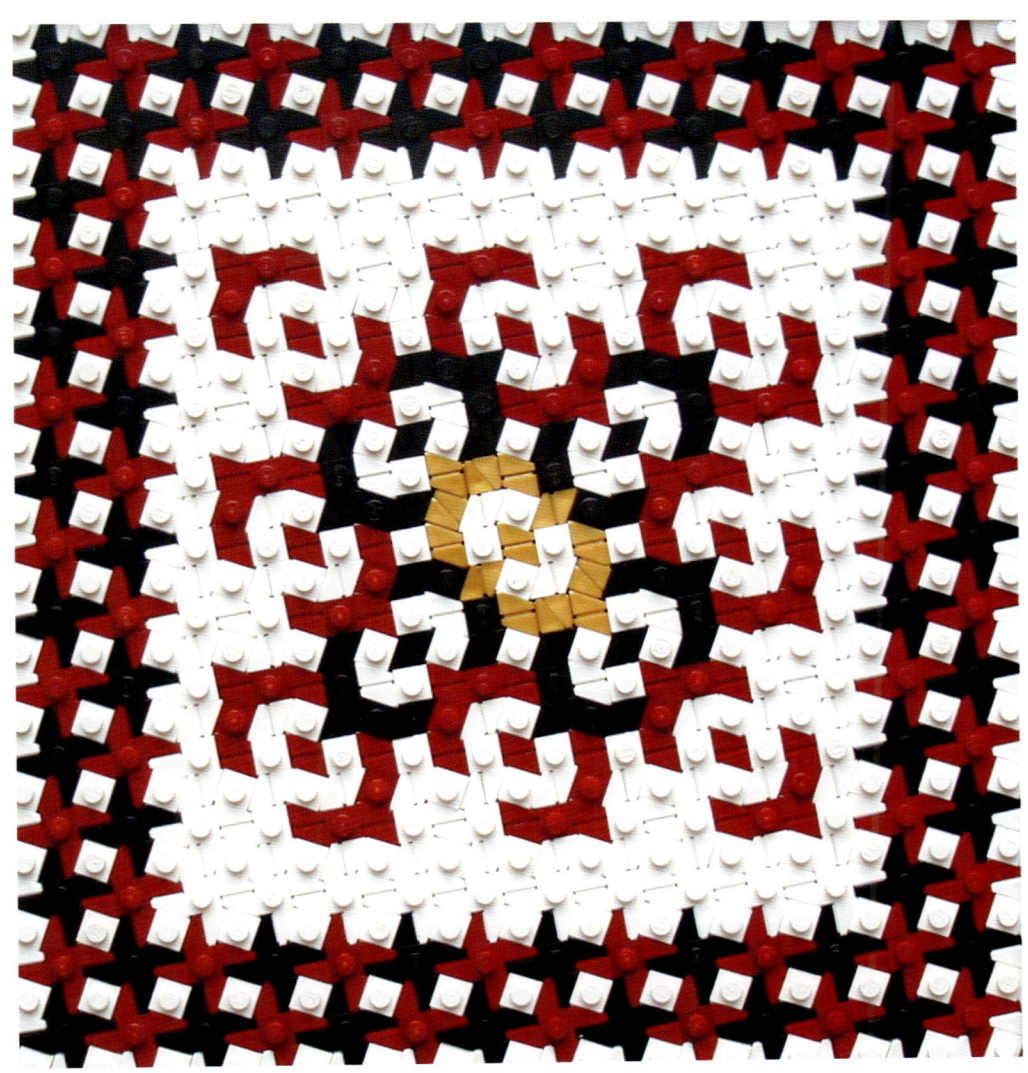

길 위에서

데니스 글라스커Dennis Glaasker
(위) 피터빌트 379 덤프 콤보Peterbilt 379 Dump Combo 2012
(아래) 피터빌트 379Peterbilt 379 2012
(맞은편 위) 할리 데이비드슨Harley Davidsons 2011
(맞은편 아래) 할리 데이비드슨Harley Davidsons 2011 (부분 확대)

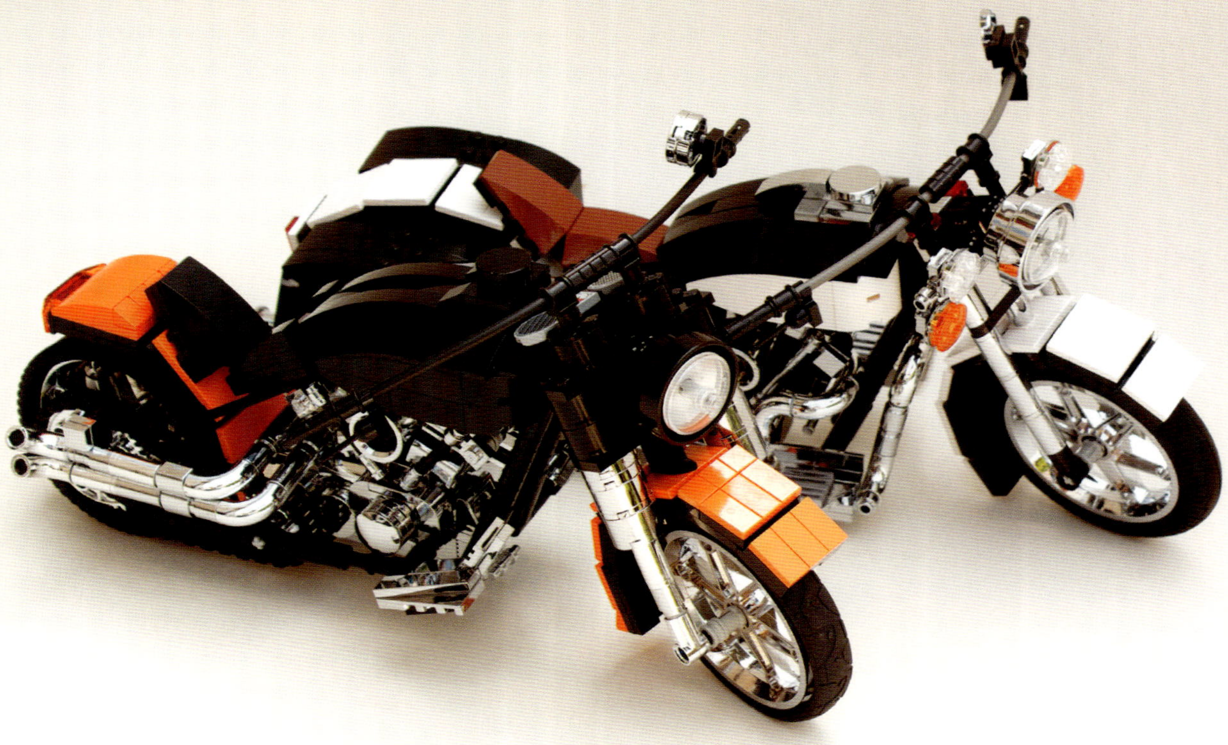

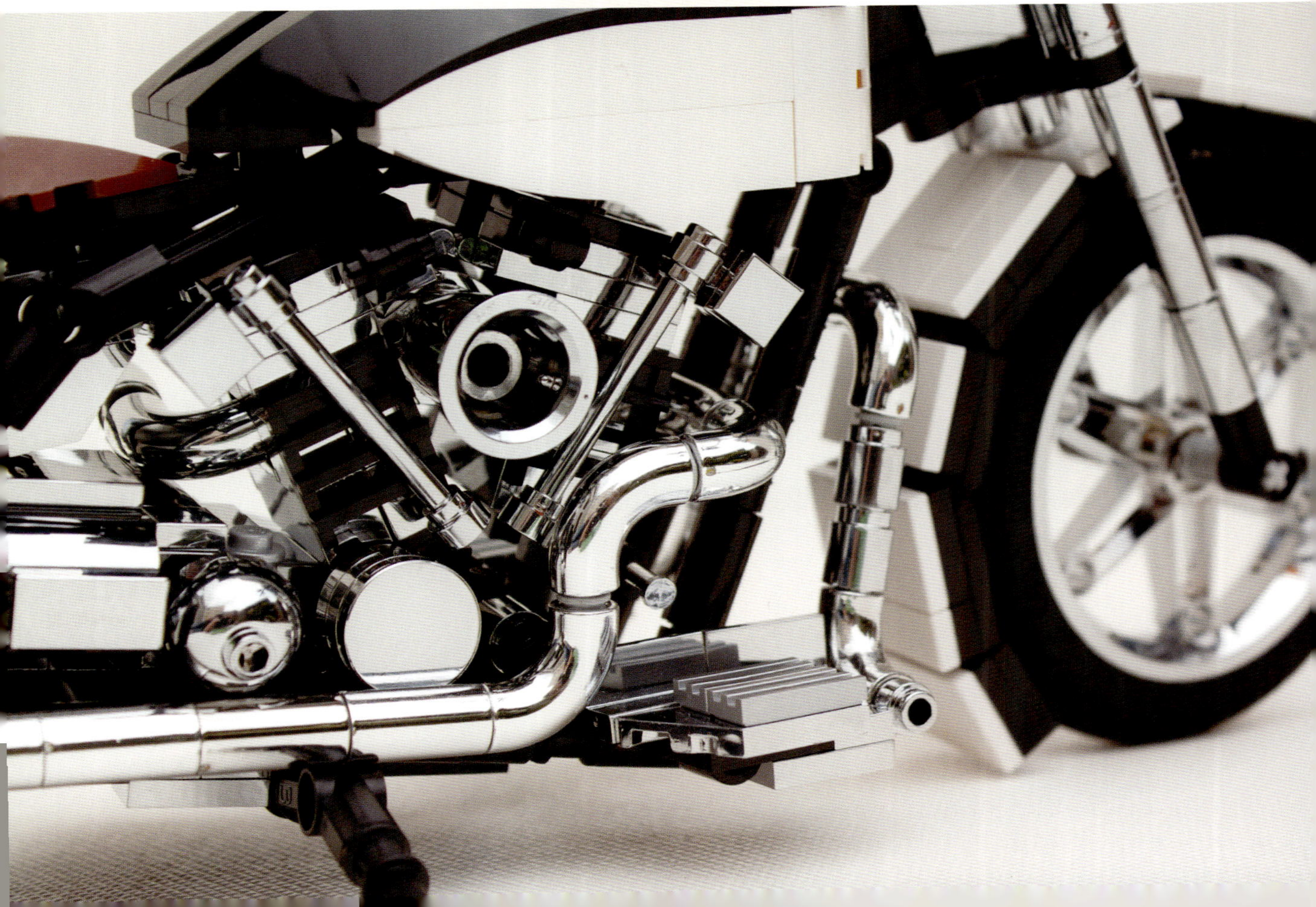

마르코스 베사 Marcos Bessa
(맞은편 위) 알비스 TA28 Alvis TA28 2011

네이선 프라우드러브 Nathan Proudlove
(맞은편 아래) 범인 호송차 Paddy Wagon 2009

데니스 글라스커 Dennis Glaasker
(위) 포드 핫로드 Ford Hot Rod 2012

브릭 한 움큼의 잠재력 리노 마틴스
Lino Martins

왜 레고냐고요? 등산하는 사람에게 왜 에베레스트를 오르느냐고 묻는다면 아마도 이렇게 대답할 것입니다. "산이 거기 있기 때문에"라든지 "그냥 내가 하는 일이 그것이다." 저도 그와 비슷하게 농담 삼아 답변할 수 있겠지만, 무엇인가를 만드는 것에 대한 저의 열망은 그보다는 조금 진지합니다.

레고에 대한 갈망은 전통적인 프라모델을 다루면서부터 싹이 텄습니다. 제가 처음 프라모델에 매력을 느꼈던 이유는 약간의 도색과 접착, 그리고 한없는 인내심으로 얻어 낼 수 있는 섬세한 세부 묘사 때문이었습니다. 프라모델 몇 개를 조립 설명서에 따라 공들여 조립해보고 나서는 '프라모델 개조'라는 것을 알게 되었습니다. 프라모델 개조란 기성 제품을 사용하되 조립 설명서와는 상관없이 자신만의 전혀 새로운 창작품을 만들어 내는 것을 뜻합니다. 예를 들어, 평범한 자동차 모형에 전투기 모형에서 나온 스티커를 접목해서 군용 콘셉트의 핫로드를 창작해내는 식입니다. 하지만 이런 개조 작업은 시간도 많이 걸릴 뿐만 아니라 현실적인 한계도 있습니다. 평범한 항공모함을 끝내주는 SF 우주선으로 개조하는 일이 말로는 쉬울지 몰라도 거기에 들어가는 시간과 노력, 기술 그리고 비용을 생각해보면 그 당시의 제 또래 아이들에겐 이룰 수 없는 꿈과 같았습니다.

제가 모형 제작에 빠진 것은 창조적인 작업을 좋아하는 저의 성격 때문입니다. 어렸을 때 저는 제 또래 아이들에 비해 키도 작고 말수도 적은 편이었고 운동에도 재주가 없던 데다가 친구들과도 잘 어울리지 못했습니다. 하지만 제가 그림에 남다른 재주가 있다는 것은 진작부터 스스로 알고 있었습니다. 제게도 다른 아이들처럼 장난감이 있었지만 그보다는 아버지가 직장에서 늘 갖고 오시는 산더미 같은 컴퓨터 용지에 그림 그리는 것을 저는 더 좋아했습니다. 그것은 양쪽 가장자리를 따라 구멍이 뚫려있는 도트 프린터 용지였는데 낱장으로 뜯어 쓸 수도 있었습니다. 저는 종이 위에서 별천지를 여행하거나 미래로 또는 과거를 넘나들기도 하면서 시간 가는 줄 모르고 마음껏 상상의 나래를 펼쳤습니다. 부족하지만 그림에 소질도 있었고 상상력도 번뜩이던 시절이라 제가 창조해낸 세상에 불가능이란 없었습니다. 그곳은 물속의 거대한 성에서 용과 영웅이 대결을 하고 하늘에는 엔진이 10개가 달린 비행기가 날아다니며 땅에서는 귀여운 개미들이 무시무시한 괴물을 물리치는 세상이었습니다.

제가 성인이 되어 레고를 손에 잡은 것은 어쩌면 상상력이 풍부했던 어린 시절에 대한 향수 때문이었는지도 모릅니다. 제가 아주 어렸을 때 아버지가 사다주신 레고 제품들이 생각납니다. 아마도 네다섯 개쯤이었던 것으로 기억합니다. 제가 비록 상상력과 열정이 넘치는 아이였긴 하지만 만들지는 못할 나이여서 아버지가 조립을 도와주셨던 기억이 납니다. 그때부터 레고는 저의 유일한 취미가 되었습니다.

자신을 성인 레고 팬이라고 부르는 대다수의 사람들이 한동안 레고를 만지지 않는 시기, 이른바 암흑기를 거쳤다고 말합니다. 제 경우에는 13세 즈음 사춘기 때 세상에 대한 관심을 가지게 되면서부터 점점 장난감을 멀리하게 되었던 것 같습니다. 고등학교를 졸업하고는 바로 해군에 들어갔습니다. 엄격한 규율 속에서도 저는 여가가 생기면 마음이 맞는 친구들과 함께 조용하게 그림을 그렸습니다. 그러면서 음악과 패션에 대한 저만의 취향을 개발하였고 제가 재밌고 영리하며 꽤 괜찮은 사람이라는 것도 알게 되었습니다.

4년간의 해군 복무를 마치고 나서, 저의 유일한 관심사는 줄곧 예술뿐일 것이라고 확신하였습니다.

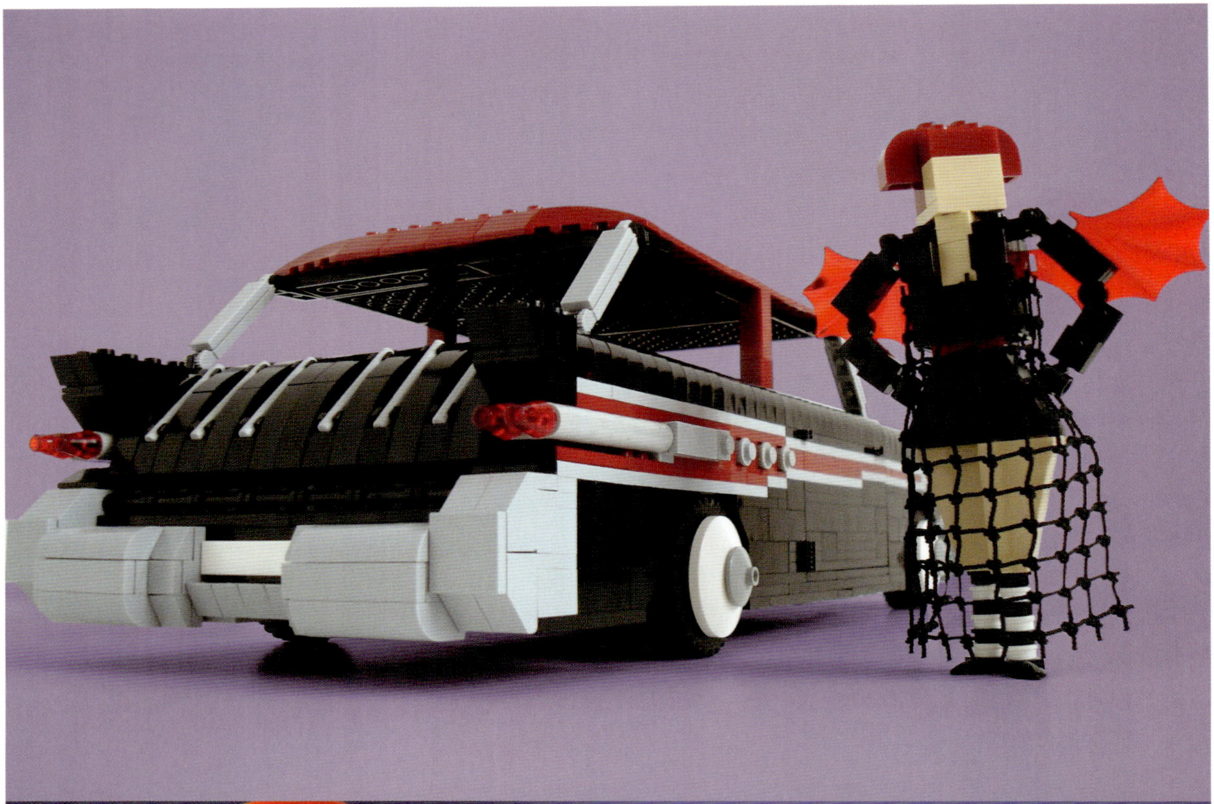

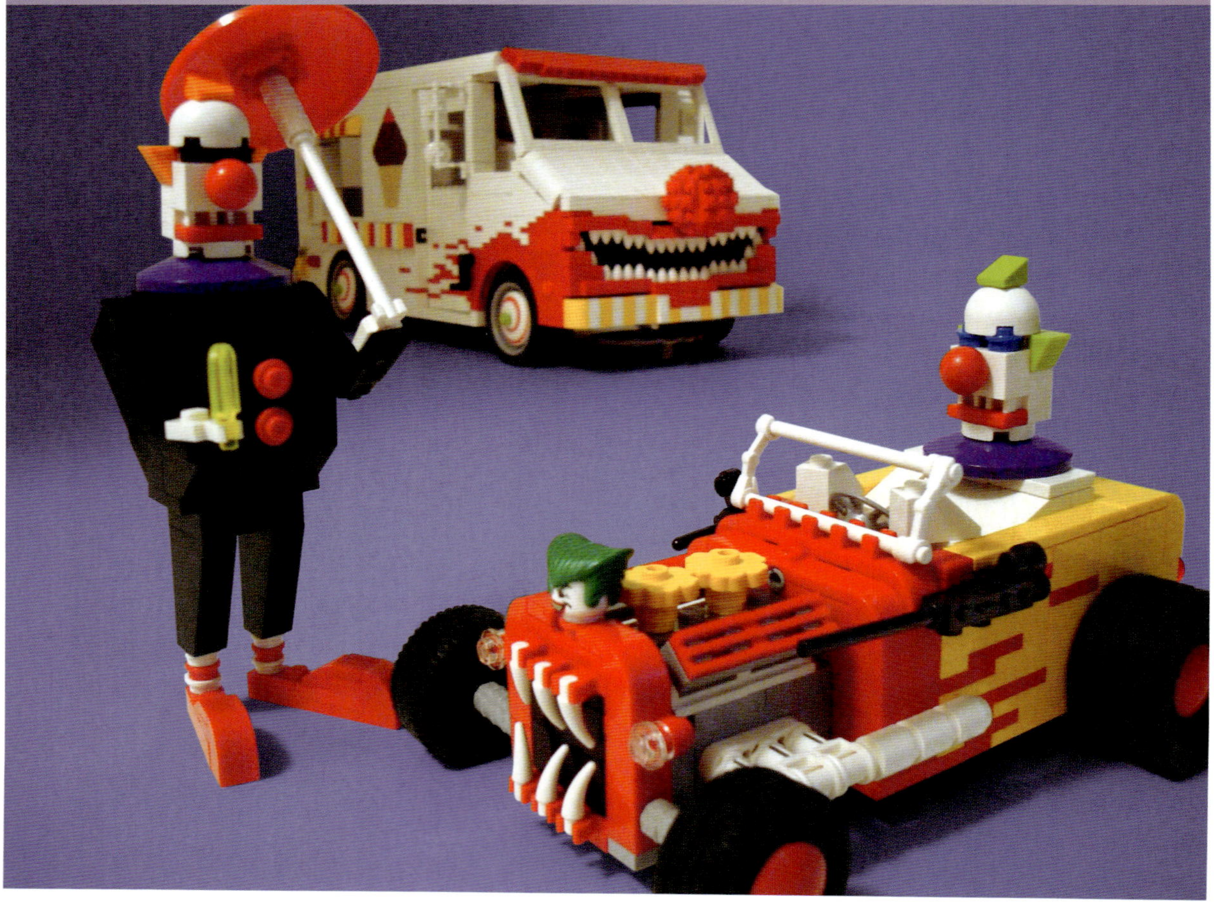

(맞은편 위) 1957년 식 폰티액 사파리 웨건 1957 Pontiac Safari Wagon 2008
(맞은편 아래) 아이-스크림 트럭 I Scream Truck 2008
(위) 솔라 플레어 - 1960년 식 임팔라 웨건 Solar Flare - 1960 Impala Wagon 2008

그때부터 저는 "참, 쉽죠?"라는 유행어로 유명한 밥 로스Bob Ross의 그림 그리기 강좌를 보며 그림을 연습했고 포트폴리오를 만들어 미술 대학에 진학하였습니다.

미대에 들어간 후 저는 화가로서 그리고 삽화가로서의 실력을 갈고 닦으며 음악, 친구 그리고 세상에 대한 안목도 함께 키웠습니다. 또한 이국적인 문화와 생소한 세상에 대해 관심을 갖고는 남태평양의 토템 문화와 1900년대 초반 유행했던 싸구려 소설들 그리고 1950년대의 복고적인 물건들을 섭렵하였습니다. 그런 과정에서 저만의 독특한 예술적 감각과 정체성을 확립할 수 있었습니다. 그렇게 예술적 감성을 키워나가던 시절엔 비록 레고로 작업을 하거나 하지는 않았지만 종종 완구 매장에 들러서 그동안 미처 몰랐던 레고 제품들을 살펴보면서 마음속으로 독창적인 레고 작품을 구상해보곤 했습니다.

20대 후반에 뉴잉글랜드에서부터 시애틀로 이주를 하였고, 수많은 재능 있는 레고 예술가들이 온라인을 통해 교류하고 있다는 것을 알게 되었습니다. 그들을 보며 어른이 장난감을 갖고 노는 것이 부끄러운 일이 아닐 뿐만 아니라 사실은 대단히 멋진 일일 수도 있다는 것을 깨달았습니다. 저는 레고를 할 시간과 자금이 충분했을 뿐만 아니라 제가 가진 예술적, 디자인적 감각 덕분에 레고로 꽤 멋진 작품을 만들어 낼 수 있었습니다. 제가 꿈꿔왔던 모든 것을 레고로 이룰 수 있었습니다. 똑같은 부품들로 어느 날엔 자동차를 만들었다가 다음 날엔 우주선을, 때로는 말을 만들기도 했다가 그 다음 날엔 말 그대로 물속의 거대한 성에서 영웅과 싸우는 용을 만들었습니다.

친구들에게 제가 만든 레고 작품들을 보여주자 저를 보며 한심하다거나 이상하다는 말은 전혀 하지 않았고 오히려 제 작품들을 넋을 놓고 지켜보았습니다. 흠잡을 데 없이 깔끔한 조립 솜씨도 좋아했지만, 무엇보다 레고는 아이들 장난감이라는 통념을 깼다는 것에 더 감명을 받았던 것 같습니다. 그렇게 저를 지지해 준 친구들 덕분에 저는 용기를 내어 레고 전시회에 제 작품들을 출품하였고, 그것을 계기로 좀 더 많은 친구들을 사귈 수 있었습니다.

왜 레고일까요? 명성, 더 정확하게 말하자면 유명세 때문입니다. 제가 레고 전시장에 가면 사람들은 저와 제 친구들을 보며 유명인이라도 만나는 듯 깜짝 놀랍니다. 저도 물론 그들을 볼 때 마찬가지 기분이 듭니다. 우리들이 만든 작품을 보기 위해 11,000명이 넘는 사람들이 기꺼이 입장료를 지불했다는 사실을 생각하면 쉽게 이해할 수 있는 상황입니다. 사람들로부터 신문이나 잡지에 제 작품이나 인터뷰 실린 것 잘 보았다는 말을 듣는 것도 이제는 자연스러운 일상이 되었습니다. 저에 대한 기사는 셀 수도 없이 많은 블로그, 잡지, 책에 실렸습니다. 텔레비전 광고, 라디오 인터뷰도 했으며 기억하기로는 다큐멘터리도 하나 찍었습니다.

왜 레고일까요? 레고가 저를 특별한 사람으로 만들어주기 때문입니다. 저는 사람들이 관심을 갖고 제 기사를 찾아보는 그런 흥미로운 사람인 것이 좋습니다. 저는 예술가이자 레고 창작가입니다. 사람들은 그런 저를 좋아합니다. 제 방엔 토템과 해골이 있습니다. 그것이 사람들이 저로부터 기대하는 것이고 그것이 바로 저의 모습입니다. 레고로 작품을 만들며 저는 늘 공부하고 계속해서 연구하며 꾸준히 발전해 나갑니다. 한시도 지루할 틈이 없습니다. 제가 지금 사귀는 친구들은 모두 레고 예술가들입니다. 국적은 모두 제각각이며 인터넷을 통해 우정을 나눕니다. 우리들의 유일한 편지는 서로의 작품에 대한 댓글과 이메일입니다. 때로는 제가 그들에게 제 작품을 선물로 주고, 때로는 그들이 제게 그들의 작품을 선물로 보내줍니다. 물론 직접 만나기도 합니다.

(위) 블루 부두 - 1971년 식 캐딜락 엘도라도 Blue Voodoo - 1971 Caddy Eldorado 2008
(아래) 아즈텍 골드 - 1961년 식 닷지 폴라라 Aztec Gold - 1961 Dodge Polara 2011

인터뷰를 하고 책에도 실립니다. 인터뷰를 거듭하다 보니 인터뷰란 것이 어느새 대수롭지 않은 일이 되었습니다. 하지만, 어느 서점에 들어가더라도 제 작품과 인터뷰가 실린 책을 여러 권 찾아볼 수 있다는 것을 생각하면 없던 자신감도 새로 생기는 기분이 듭니다. 이것이 저의 모습입니다.

비단 친구나 인터뷰, 그리고 유명세가 아니더라도 레고는 그 자체로 제 심장을 뛰게 하는 힘이 있습니다. 레고 브릭 한 개는, 기술적으로는 놀라운 물건이긴 하지만, 그 자체로는 크게 매력적이지 않을 수 있습니다. 그러나, 그런 브릭들을 한군데 모아놓으면 이야기가 달라집니다. 브릭 한 움큼에는 수많은 예술 작품을 낳을 수 있는 무한한 잠재력이 담겨 있습니다. 인생이 그렇듯 똑같은 부품이라도 저 아닌 다른 예술가 손에 쥐어진다면 제가 생각지 못한 예술 작품이 수없이 탄생할 것입니다. 저는 레고를 하면서, 미술대에 다니던 때 느꼈던 치열함을 몇 번이고 다시 경험합니다. 작가의 친필 사인이 없더라도 작가 저마다의 독특한 개성은 오롯이 작품에 반영되고 사람들은 무엇이 누구의 작품인지 구별할 수 있습니다.

자, 그럼 다시, 왜 레고냐고요? 왜냐하면, 그것이 바로 제가 하는 일이기 때문입니다.

(위) 니모Nemo 2007
(맞은편) 여왕벌의 파수꾼Protector of the Great Queen 2010

(맞은편) 바알 - 낙타거미 Baal - Camel Spider 2010
(위) 쏠배감펭 Lionfish 2010

(다음 펼침면)
(왼쪽) 넵튠 Neptune 2007
(오른쪽) 리바이어던 Leviathan 2007

메카

아론 윌리엄스 Aaron Williams
(맞은편) MDI05 똥개 MDI05 Mongrel 2012
(위) 중무장 근위병 Guardian Heavy 2011

네이션 데카스트로 Nathan DeCastro
(맞은편) CAMM-119 사막 여우 CAMM-119 Desert Fox 2012
(위) FCM-112 늑대 FCM-112 THYLACINE 2012

아론 윌리엄스 Aaron Williams
(맞은편) 기동타격대Expeditionary Strike Unit 2011

이로 오코넨 Eero Okkonen
(위) 키통구Keetongu 2010

스벤 중가 Sven Junga
(아래) 스타크래프트 II 스페이스 마린Starcraft II Space Marine 2011

폴 리 Paul Lee
(맞은편) 마스 미션 변종 / 고릴라 중장갑 수트Mars Mission Variant / Gorilla Hard Suit 2008

네이선 프라우드러브 Nathan Proudlove
(위) 싸움꾼Brawler 2009

네이선 데카스트로 Nathan DeCastro
(아래) CAMM-103 이미르CAMM-103 YMIR 2012

로건 F.Logan F.
(맞은편 왼쪽) Ma.K 너구리Ma.K Raccoon 2012
(맞은편 오른쪽) Ma.K 멜루지네Ma.K Melusine 2012
(맞은편 아래) Ma.K 불덩이와 그 디오라마Ma.K Fireball with Diorama 2012

아론 윌리엄스Aaron Williams
(위) 꼬마로봇 네빌Neville the little bot 2011

최후의 개척지

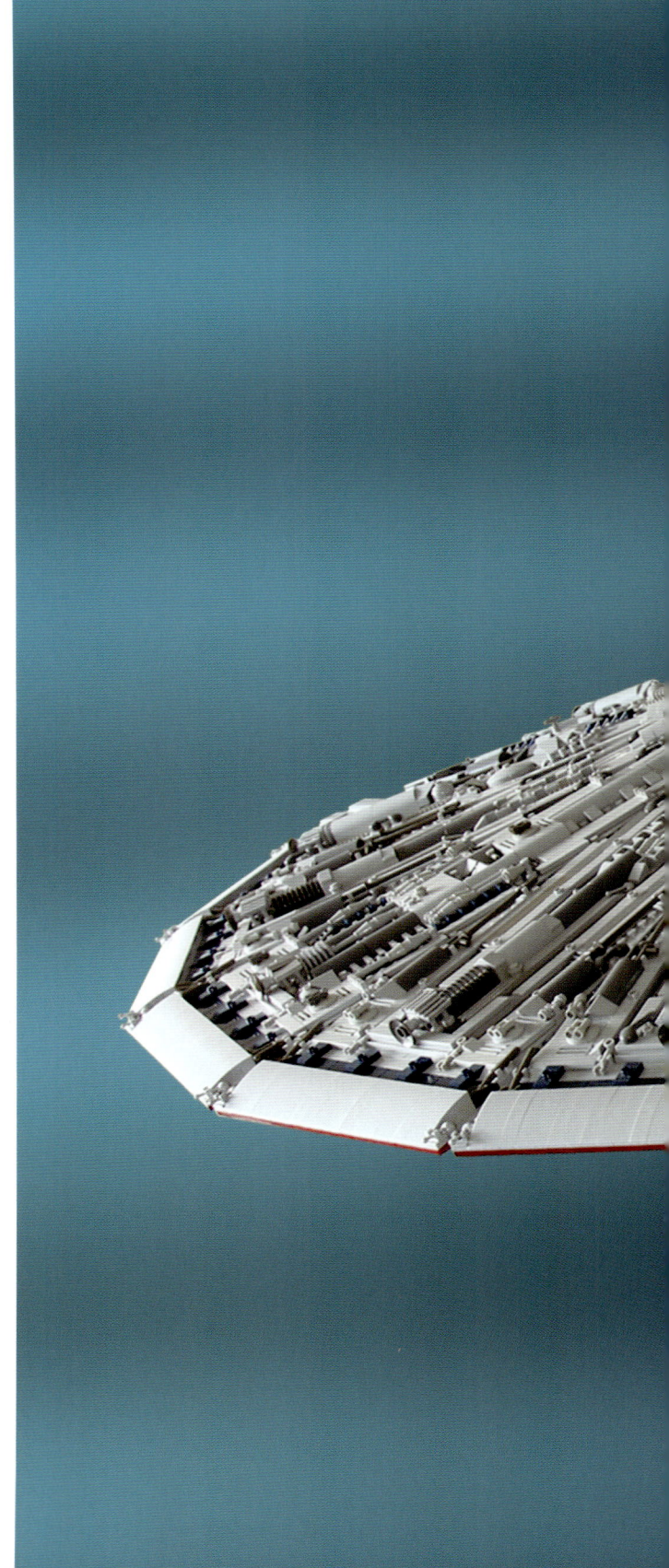

개리 킹 Garry King
세탄급 모선 Cetanclass Baseship 2012

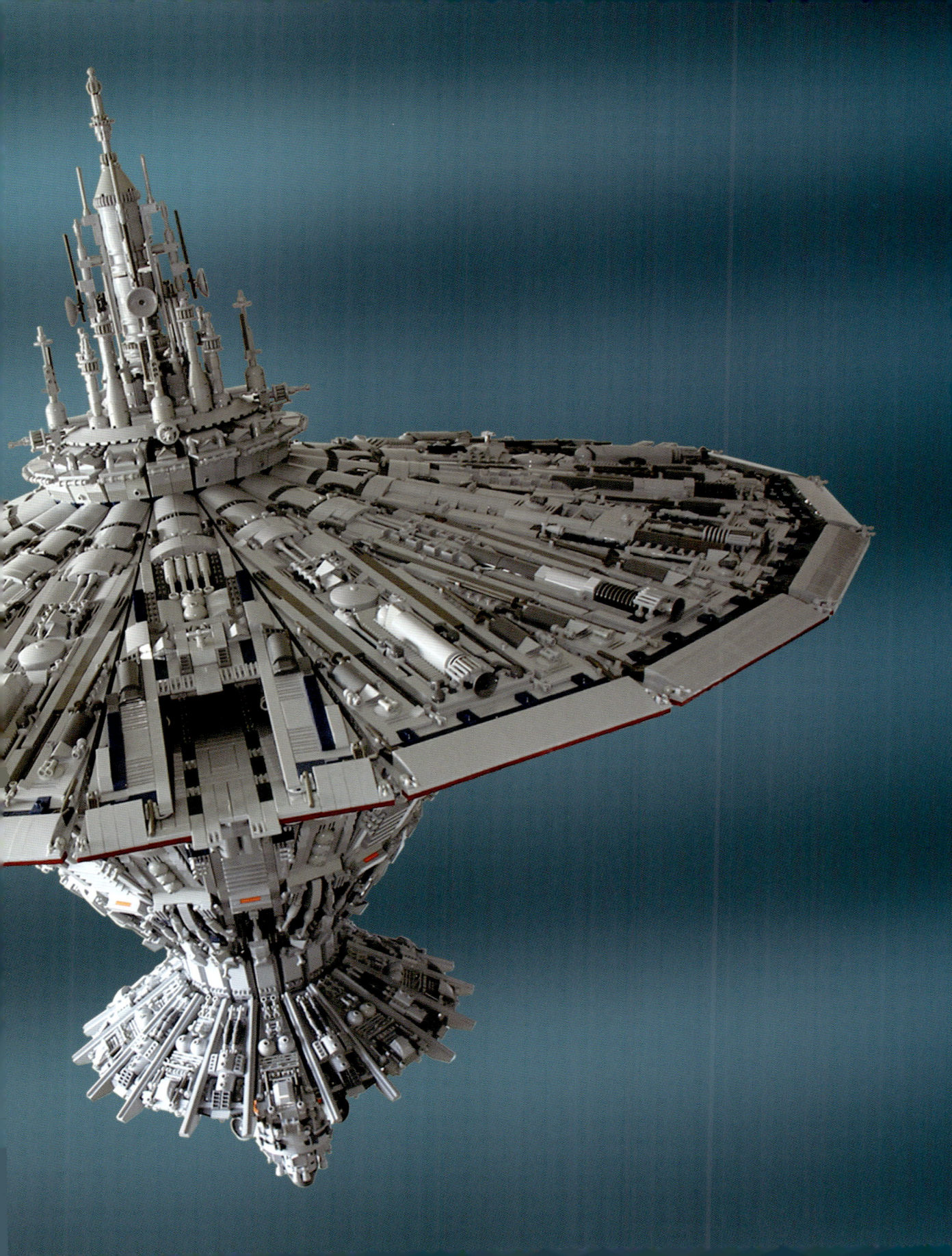

자너선 워커Jonathan Walker
(위) 솔라리스Solaris 2006
(맞은편) 아르크투루스Arcturus 2009

롭 모리소Rob Morrisseau
(아래) 초계함 프로메테우스Picket Frigate Prometheus 2012

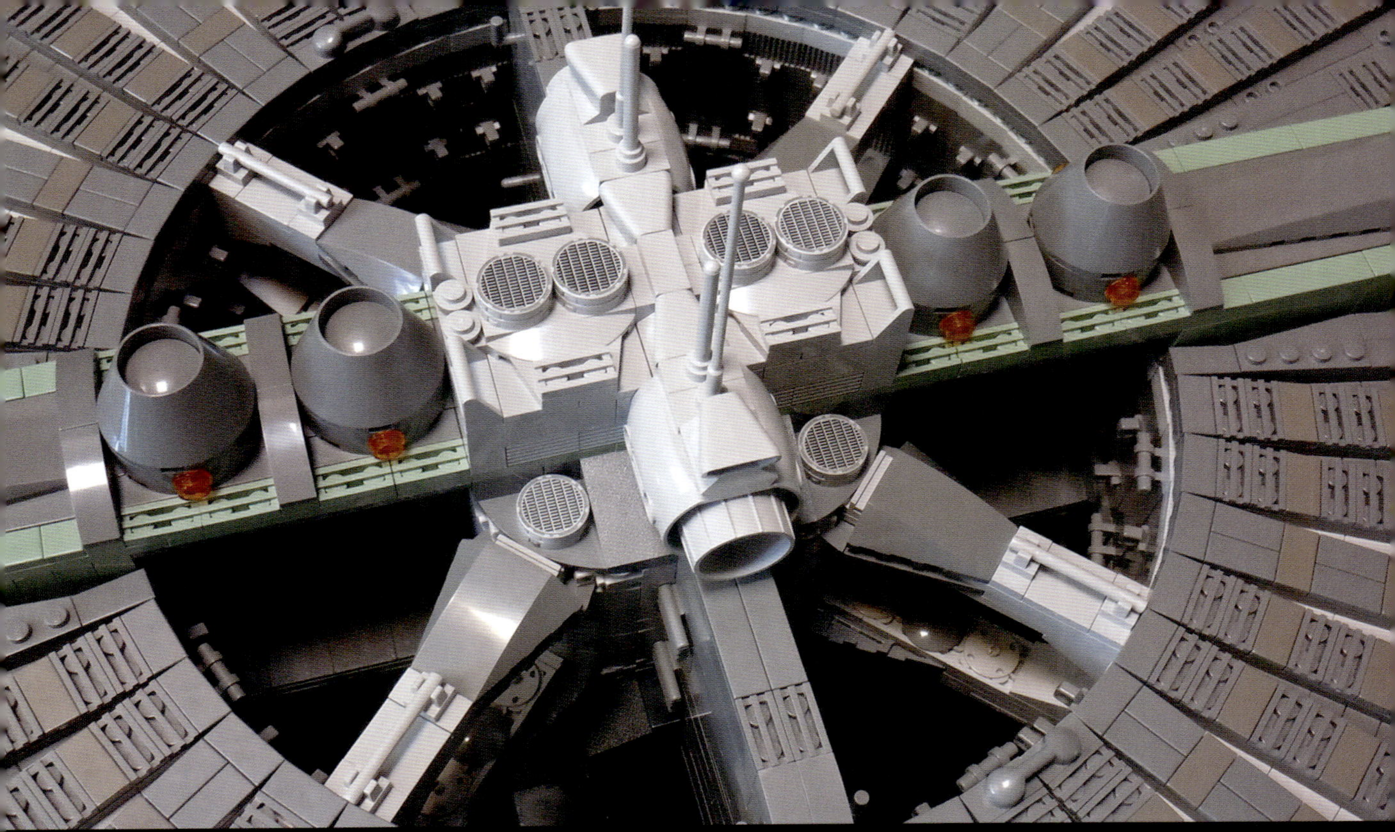

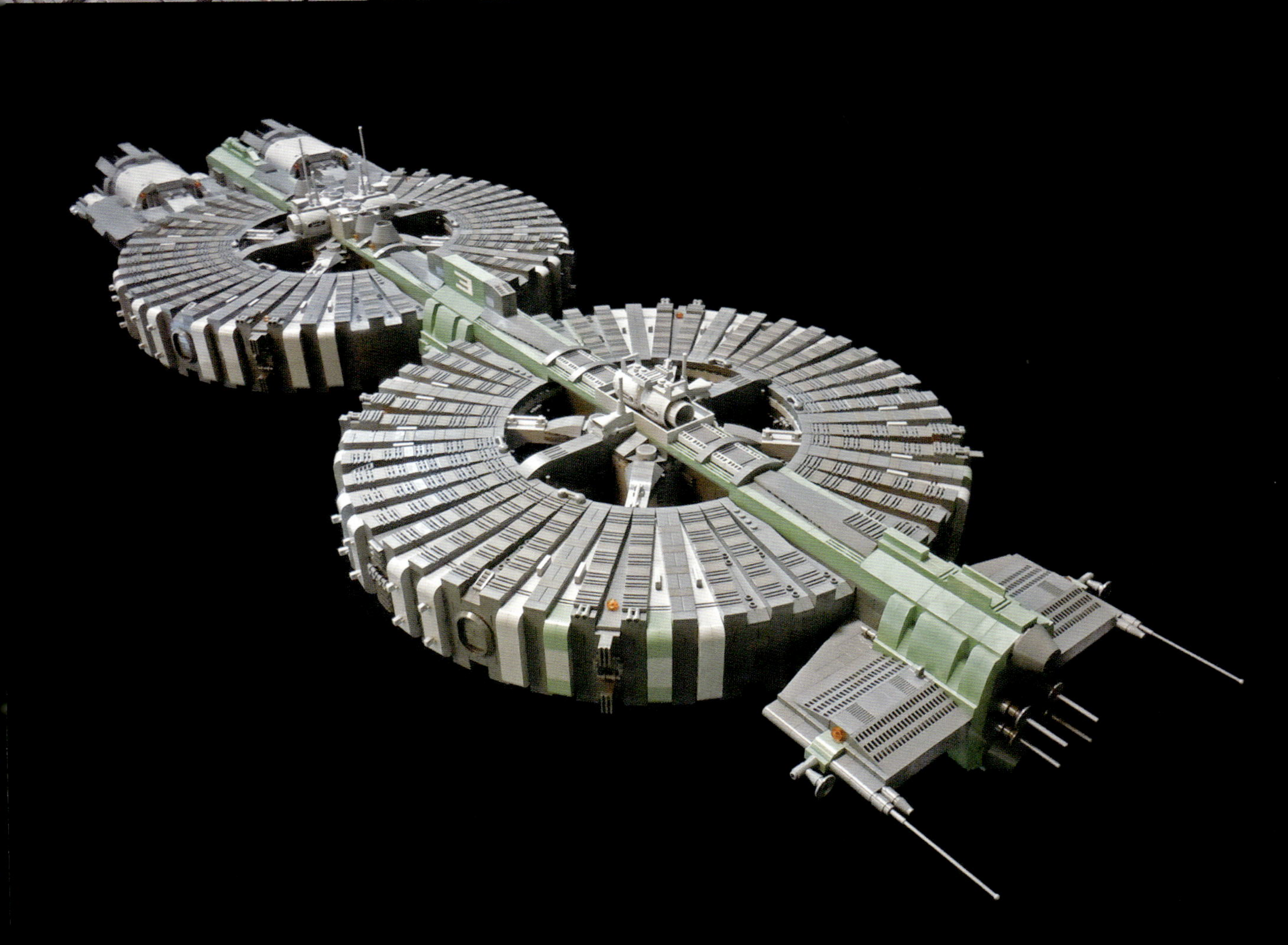

테오 보너 Theo Bonner
(맞은편) 말벌 La Guêpe 2011
(위) 탐사선 '개복치' 'Mola' Recon Probe 2011

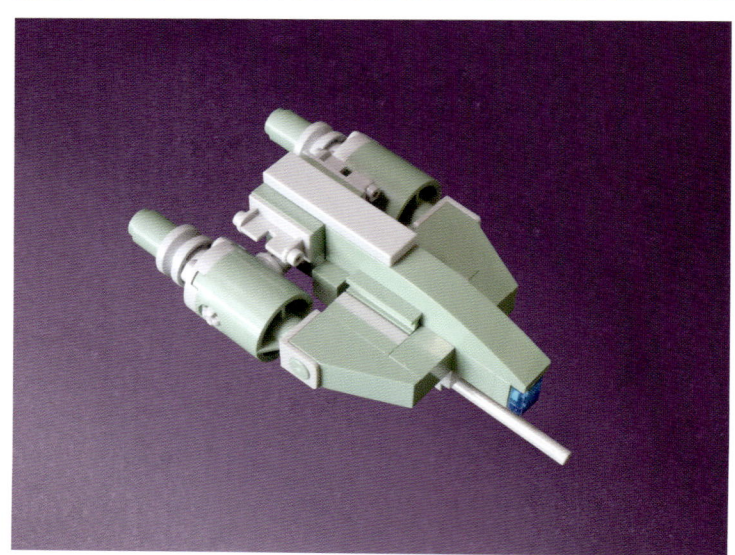

자너선 워커 Jonathan Walker
(맞은편 위) 지원함 달루 Dalu Support Craft 2011
(맞은편 아래) 지원함 아르크투루스 Arcturus Surpport Craft 2009

테오 보너 Theo Bonner
(맞은편 중간) 오르토루스 Orthrus 2011
(위) 인비디아 Invidia 2011

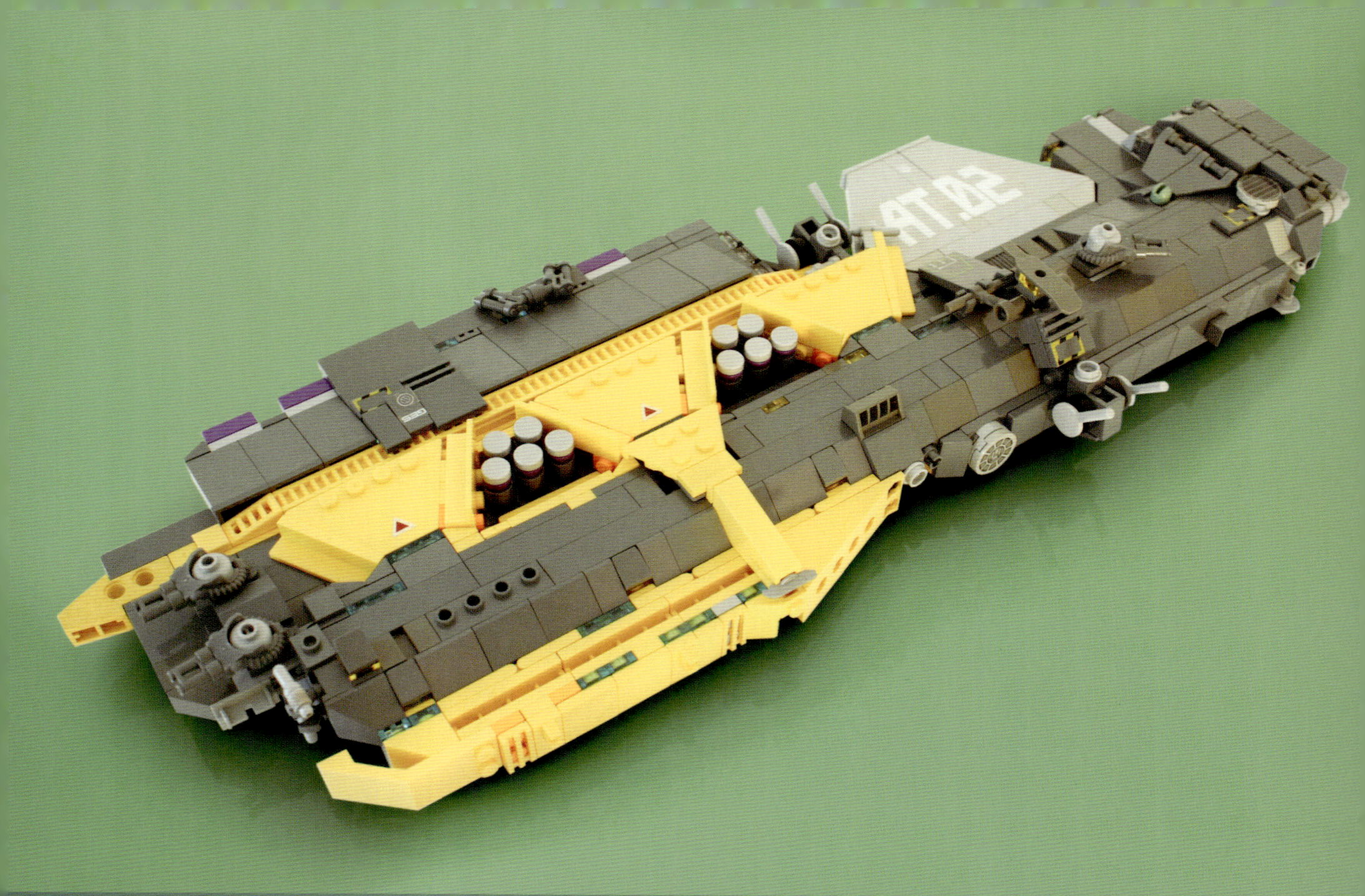

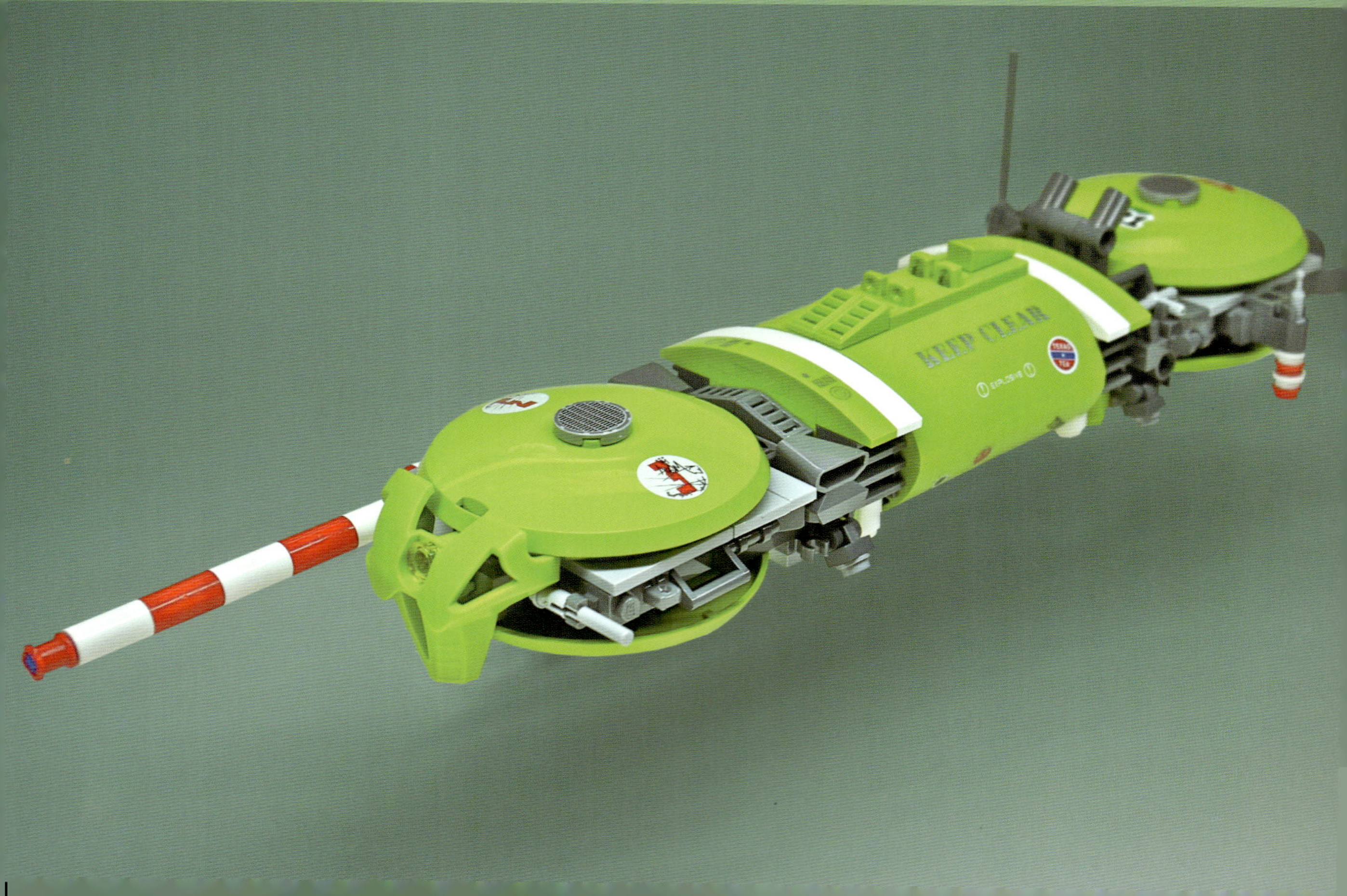
KEEP CLEAR

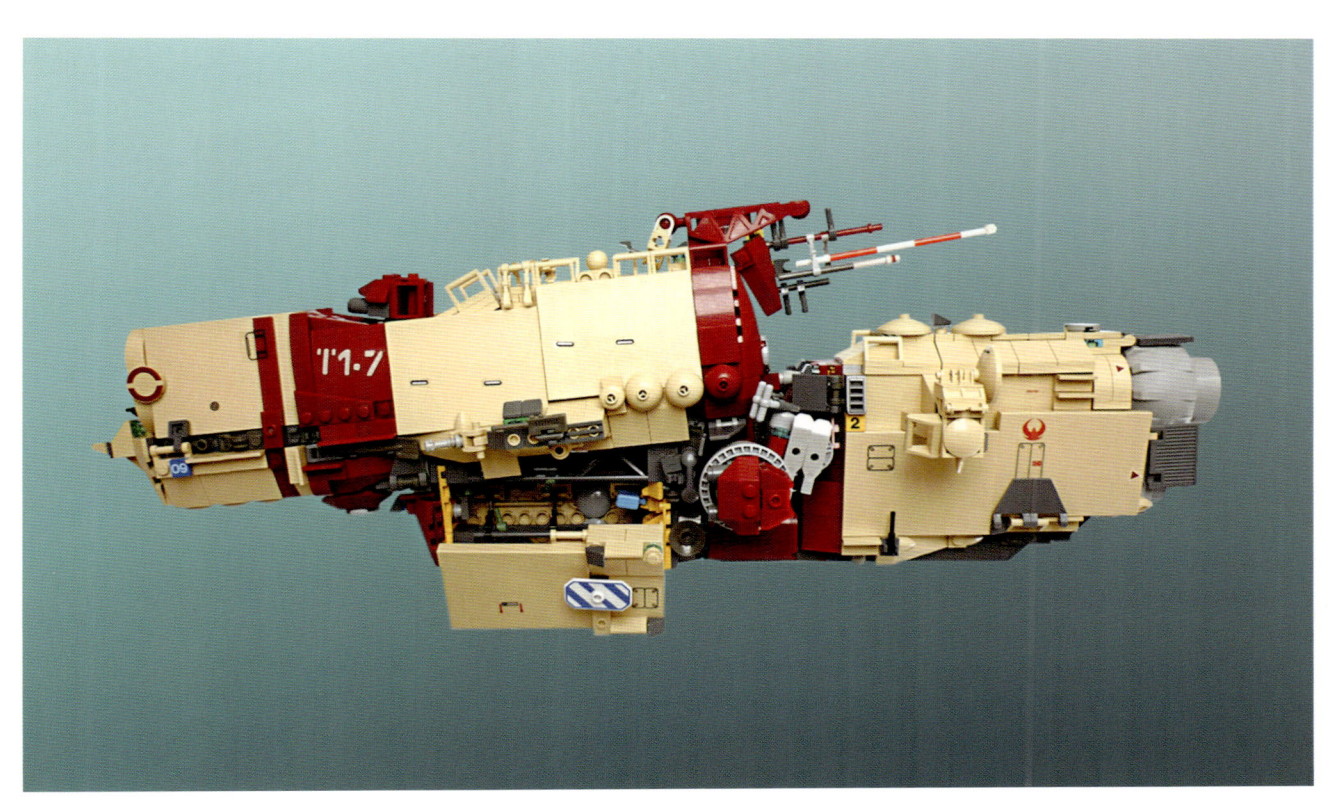

피에르-E. 피에스키 Pierre-E. Fieschi
(맞은편 위) 폭격함 '폭풍' 'Tempest' Bombardment Platform 2012
(위) 현장 지휘함 소바니 Sobani Field Command Ship 2010

앤드류 비크래프트 Andrew Becraft
(맞은편 아래) 살무사급 유조함 Pit Viper-Class Fuel Tanker 2012

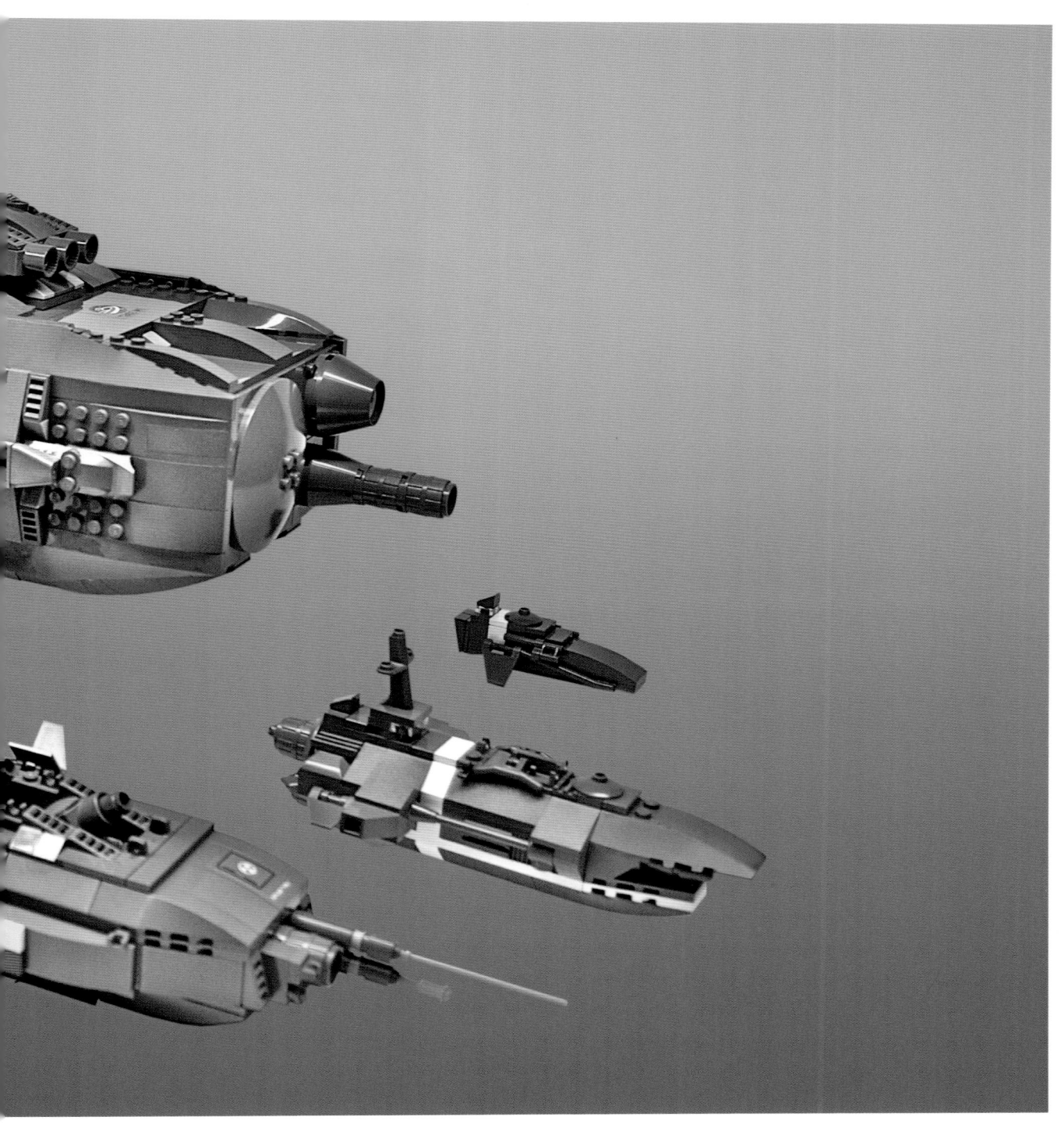

앤드류 비크래프트 Andrew Becraft
U.E.F. 전투선단 U.E.F. Battle Fleet 2011

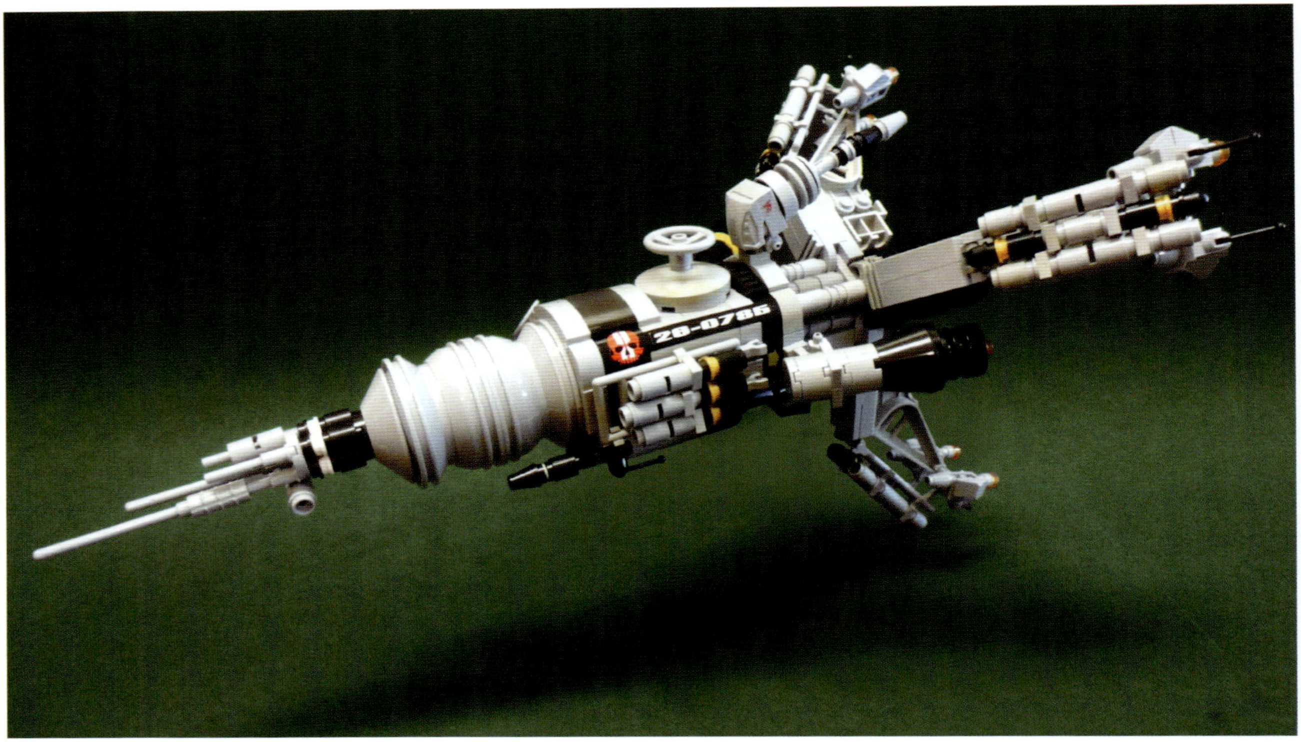
26-0786

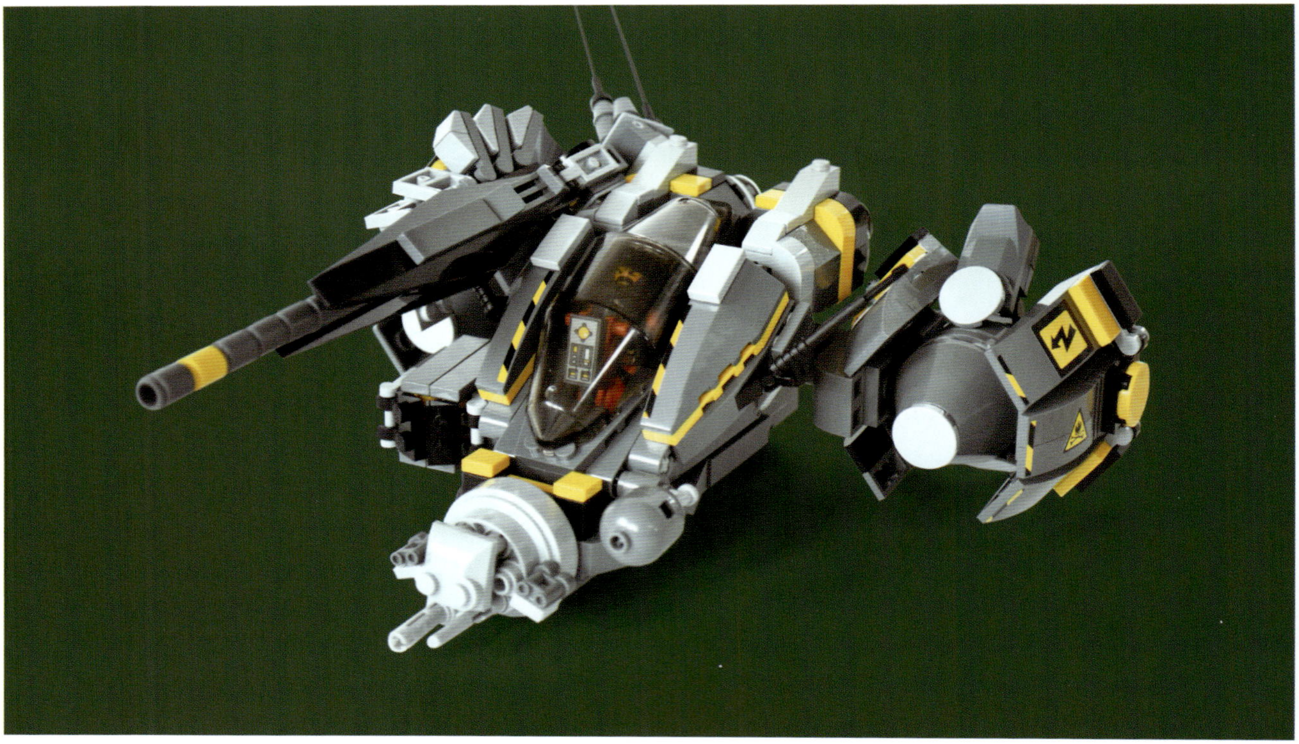

네이선 데카스트로 Nathan DeCastro
(맞은편 위) 스트랄 J-60 '블루썬드'Strahl J-60 'Bluthund' 2011

잭 맥킨 Jack McKeenMa.K
(맞은편 아래) 말벌 전투기Ma.K Yellow Jacket Starfighter 2011

피에르-E. 피에스키 Pierre-E. Fieschi
(위) '스파크급' 항공모함'Spark-Class' Carrier 2010

216

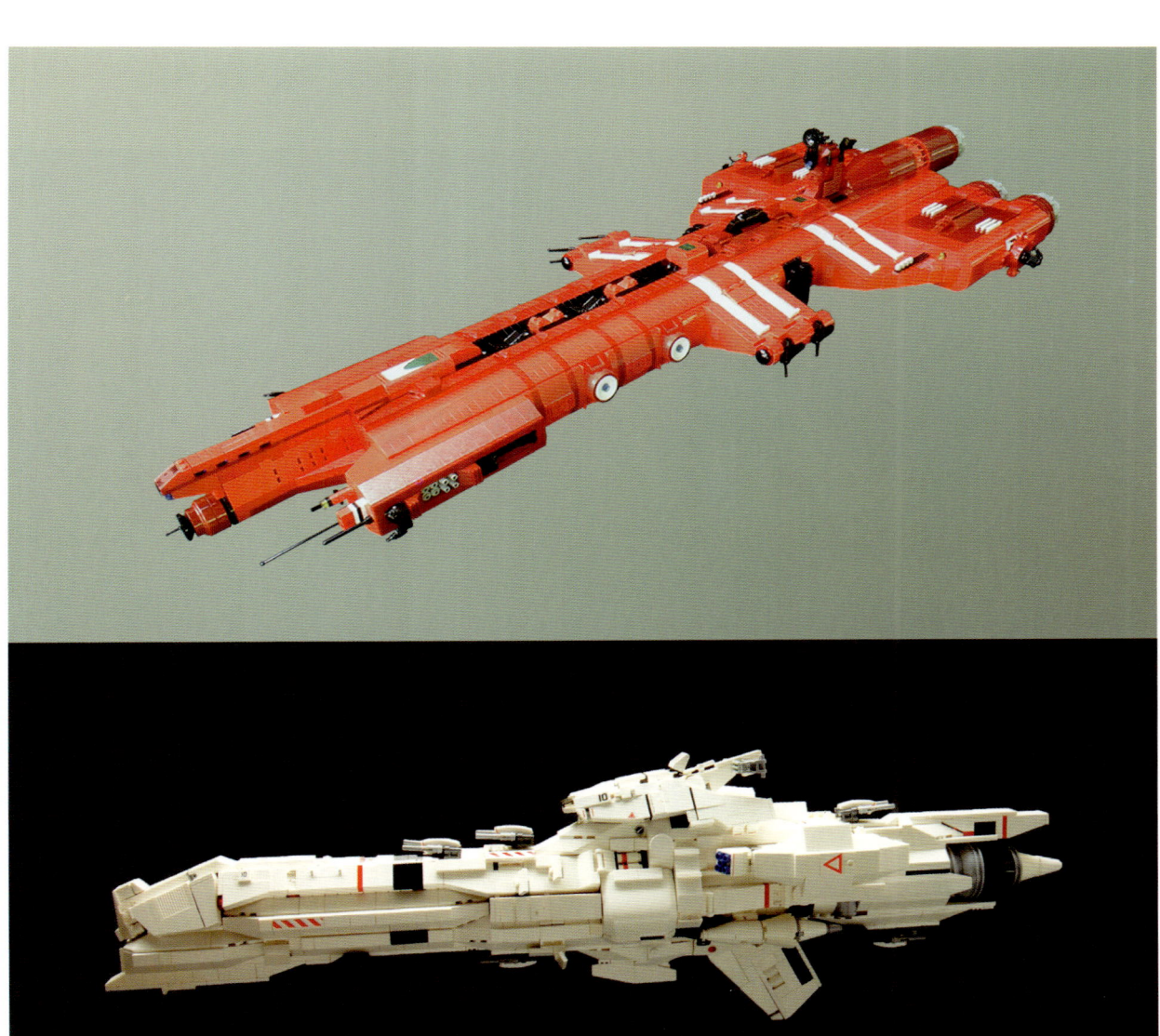

피에르-E. 피에스키 Pierre-E. Fieschi
(맞은편 위) 경강습순양함 '침입자' 'Breacher' Light Assualt Cruiser 2011
(맞은편 아래) 레이저포 구축함 Laser Artillery Frigate 2012

자너선 워커 Jonathan Walker
(위) 포보스 3 Phobos 3 2008

롭 모리소 Rob Morrisseau
(아래) 중호위함 싸카 Heavy Corvette Thakrar 2010

잭 맥킨7 Jack McKeen
(맞은편) PShip 2011

루카 카피터 Luka Kapeter
(위) 프로토콜 드로이드의 랜드스피더 Protocol Droid's Landspeeder 2011

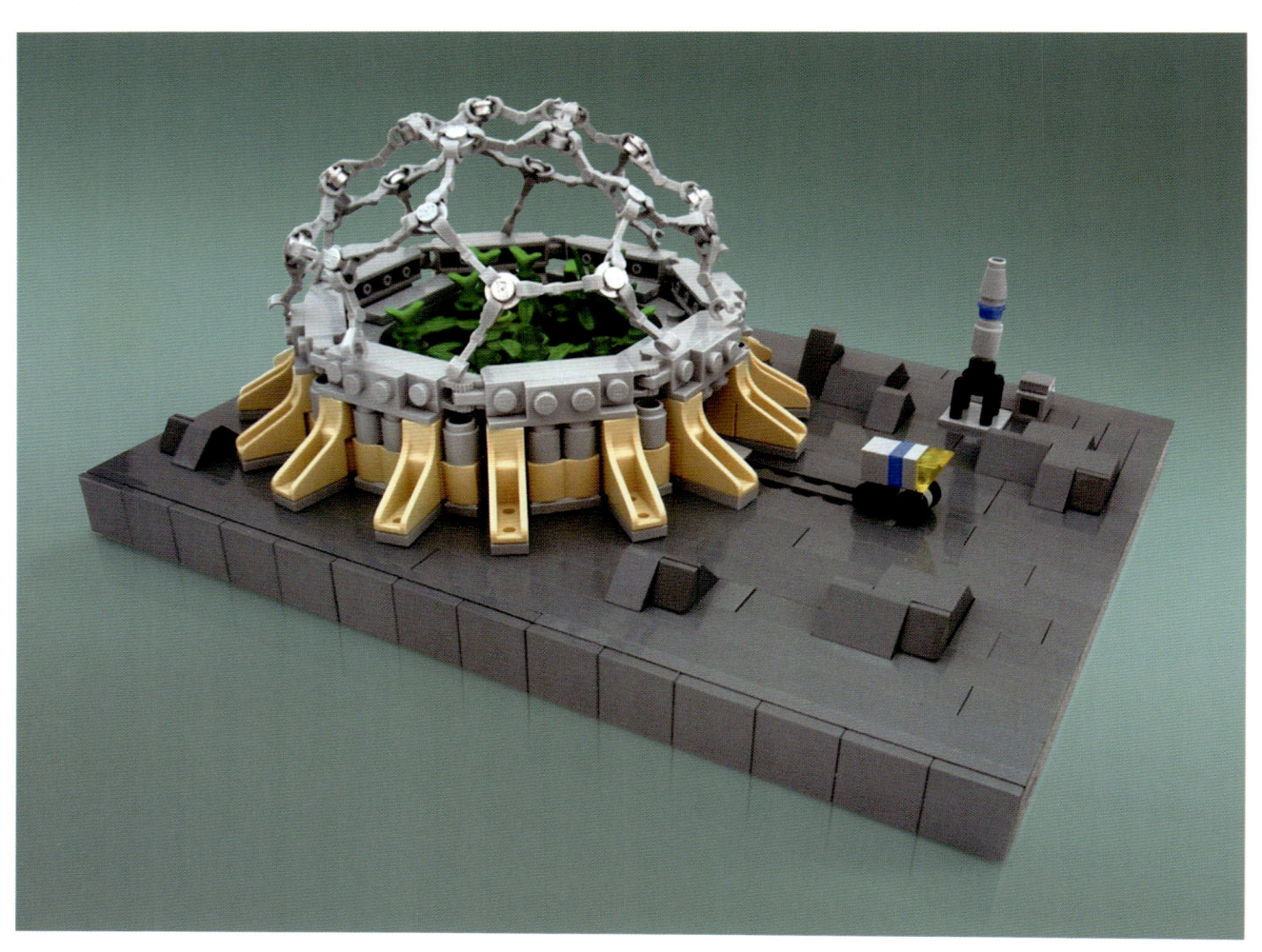

로드 길리스 Rod Gillies
(맞은편) 평온이란 이름의 생태 정원 Tranquility Biodome 2011
(위) 전투기 사령부 Starfighter Command 2011

스트라이더

테오 보너Theo Bonner
(위) 곤충昆蟲 2011
(맞은편 위) 쾨스급 H-4 전투탱크Köhs-Class H-4 Battle Tank 2010
(맞은편 아래) J-9 타누스 전지형형 공격 메카J-9 Tanusu All-Terrain Attak Mech 2010

타일러 클라이츠 Tyler Clites
(맞은편) 사이보그 스트라이더 Bio-mehanical Strider 2011

크리스토프 샤 Christophe Charre
(위) AD57 / 청록색 워커 AD57 / Light Aqua Walker 2012

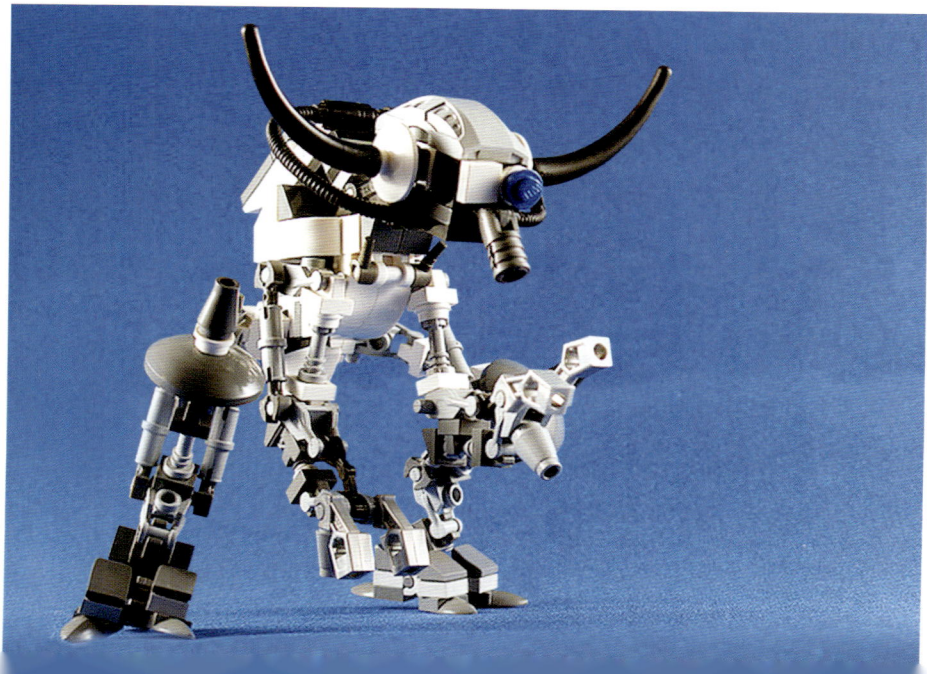

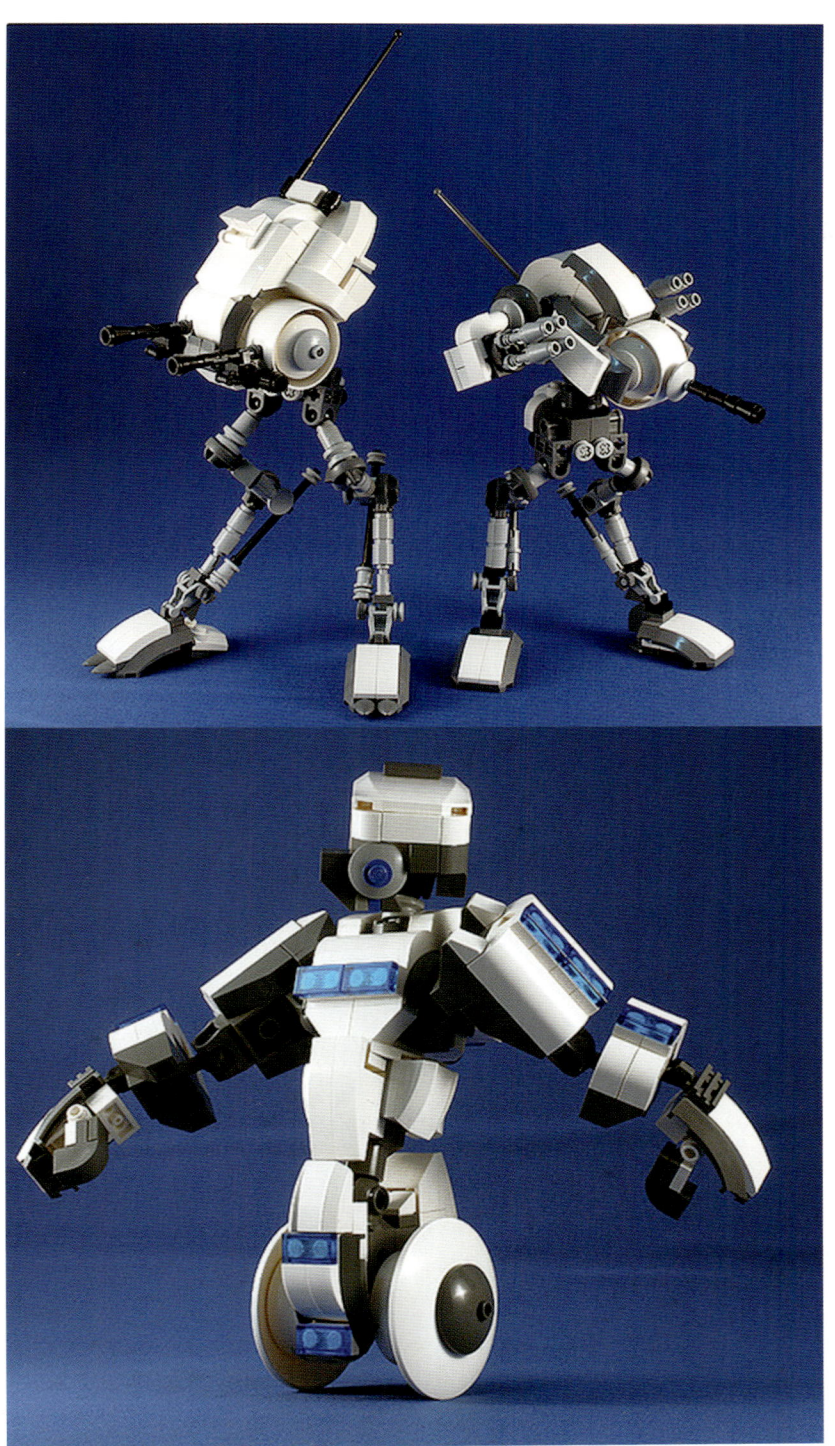

A. 앤더슨A. Anderson
(맞은편 위) 경보병 전투로봇Light Infantry Vehicle 2010
(맞은편 아래) 그렘린Gremlin 2008
(위) 스트라이더Striders 2004
(아래) 의료용 로봇Medical Bot 2009

A. 앤더슨A. Anderson
(위) 혹부리 로봇Knobby 2011
(맞은편 위) 파수꾼Sentinel 2011
(맞은편 아래) 친구Friends 2010

초소형 로봇 보도 엘셀
Bodo Elsel

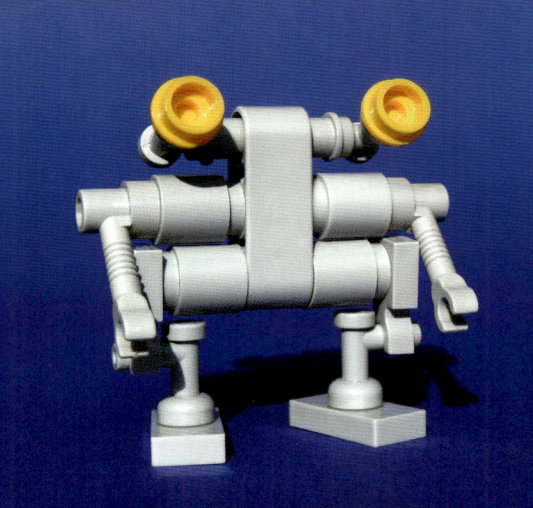

형상을 넘어 콜 블랙
Cole Blaq

(맞은편) S.O.S. 2010
(위) 불꽃 The Burn 2010

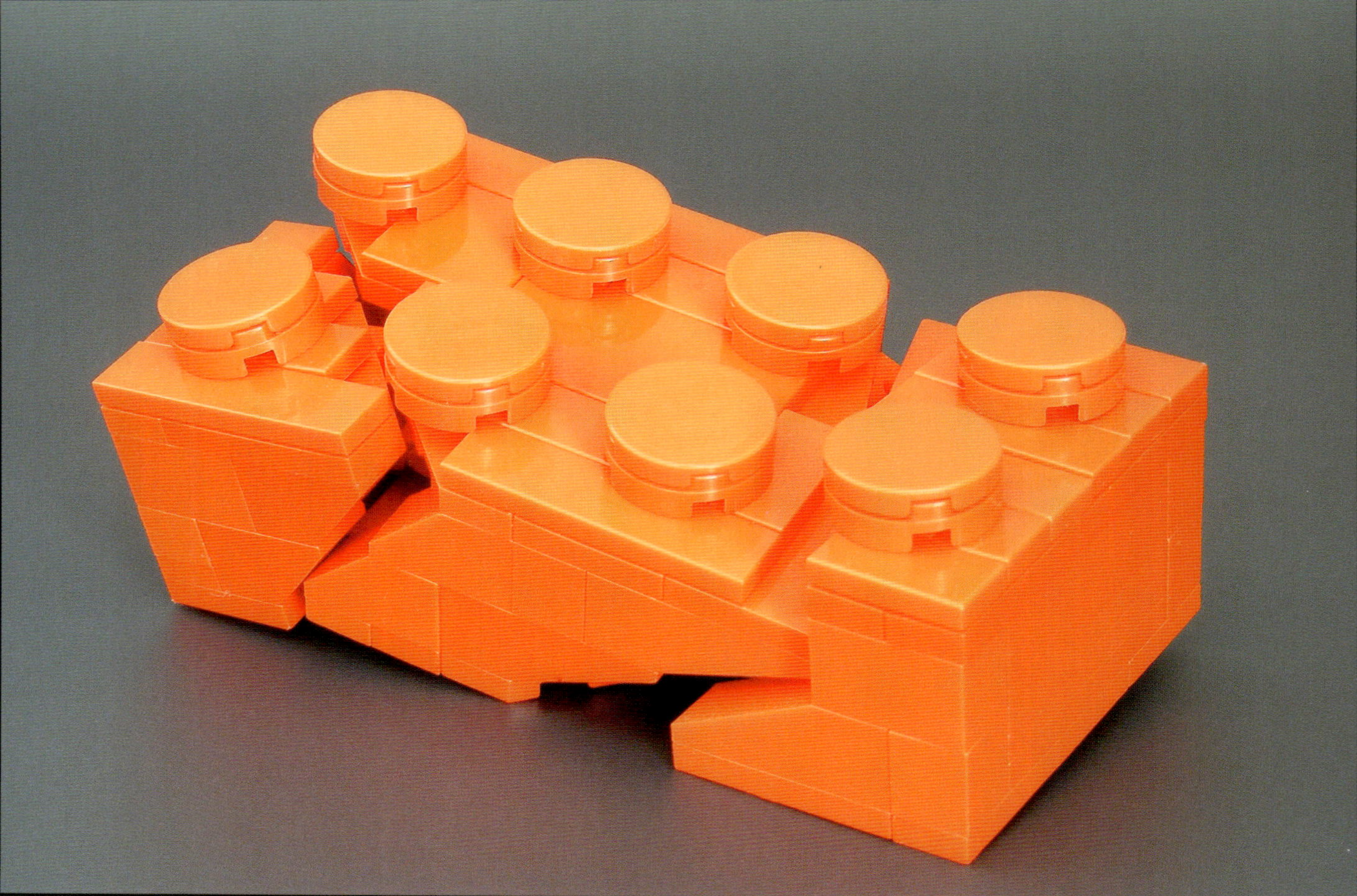

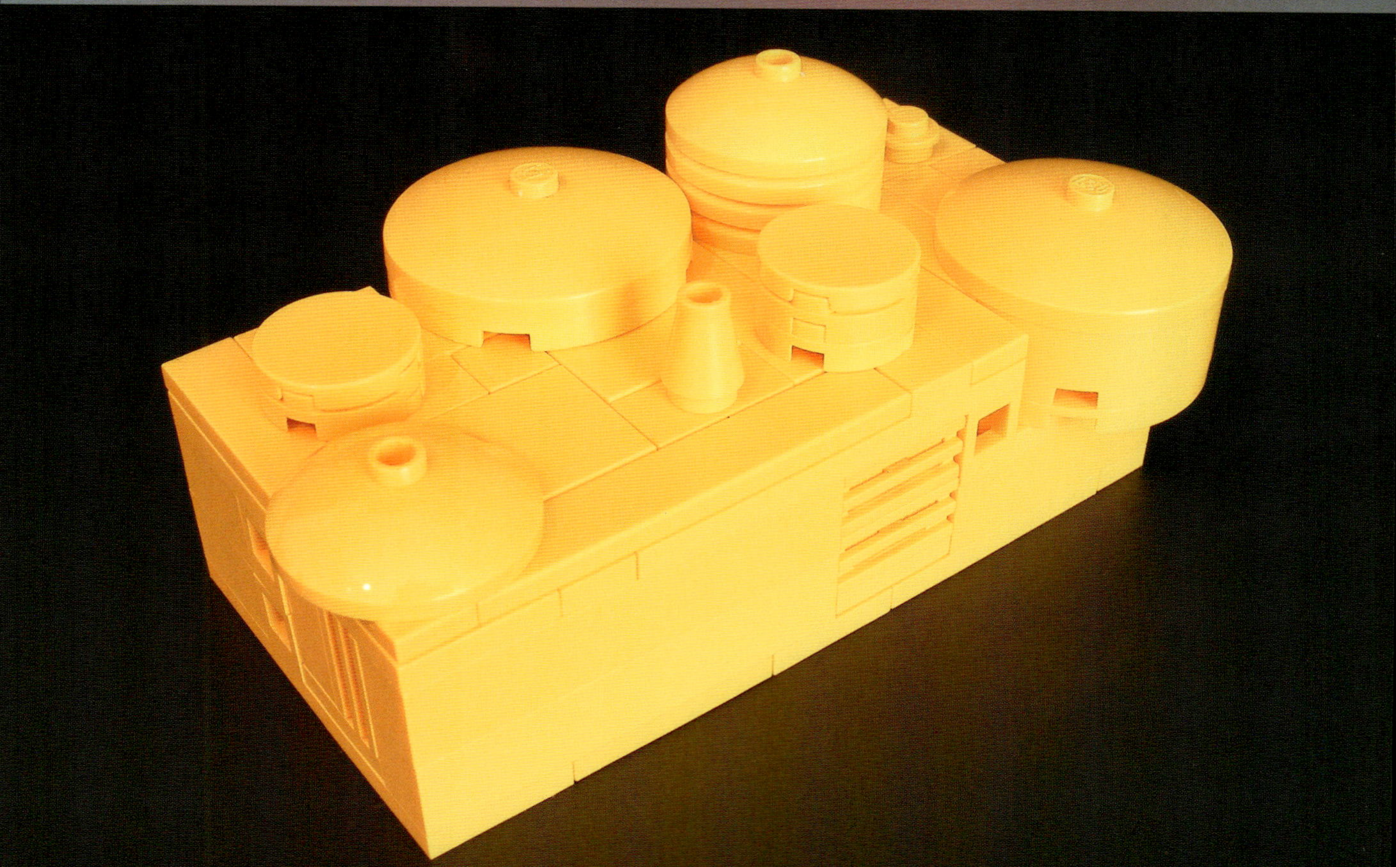

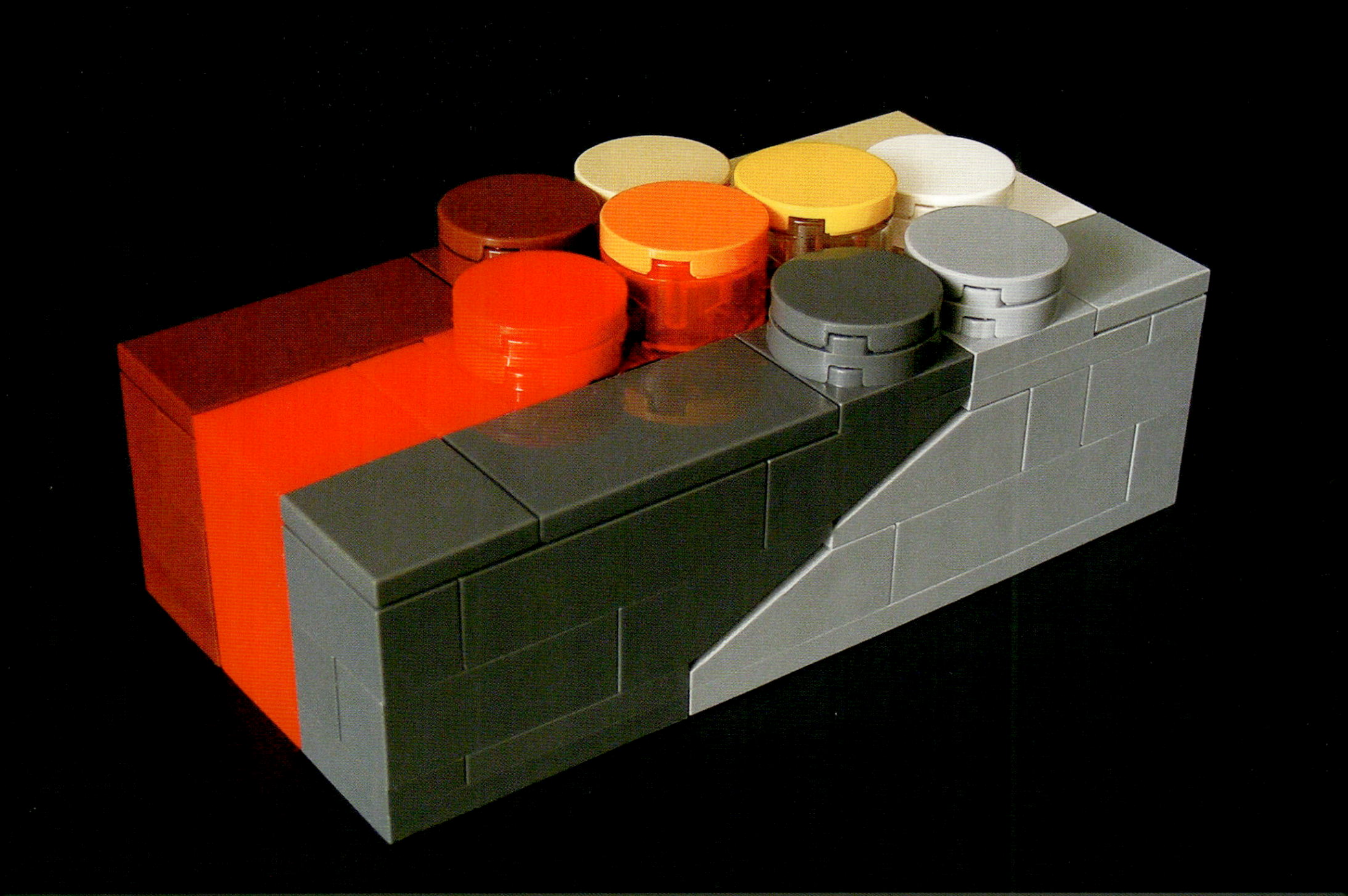

235

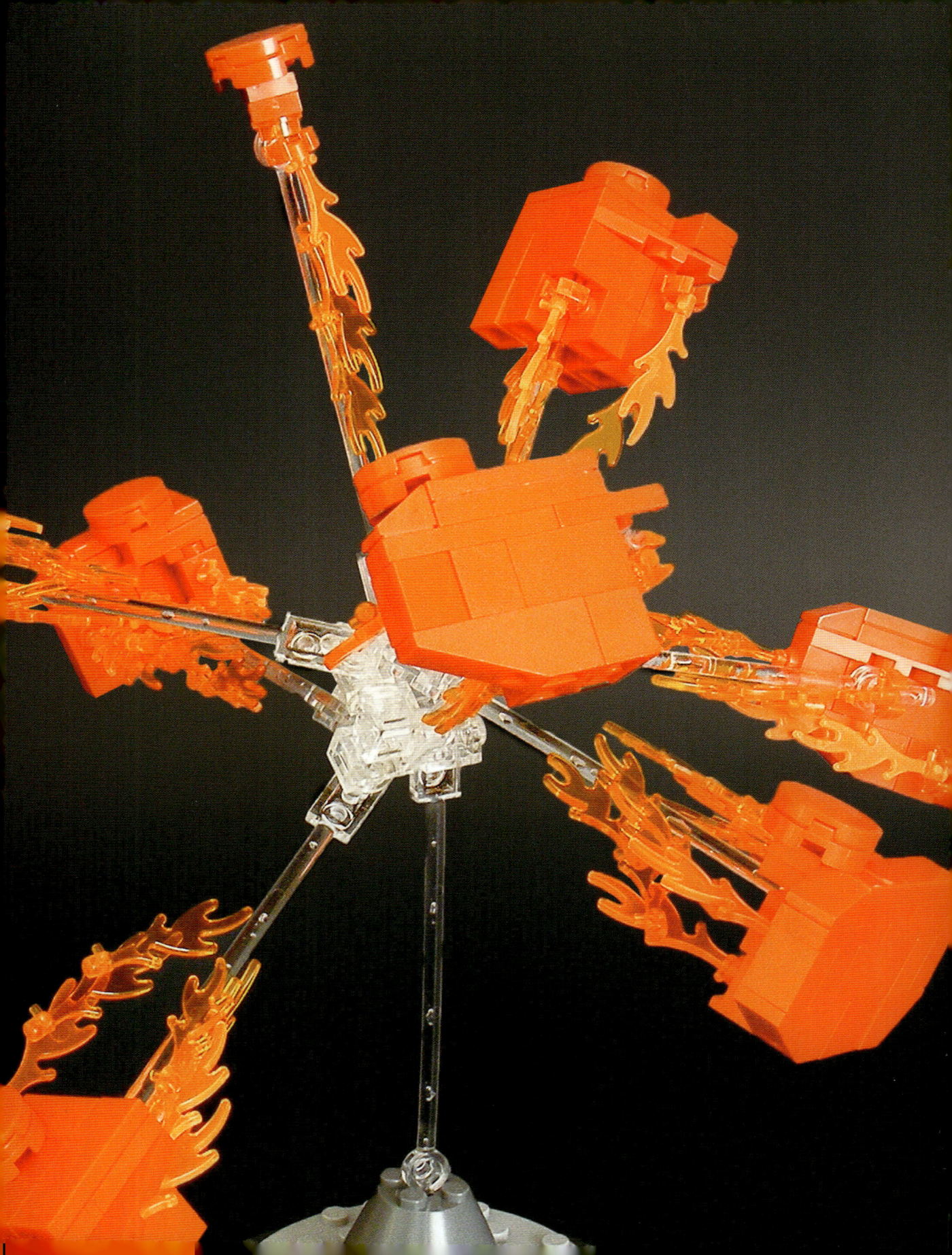

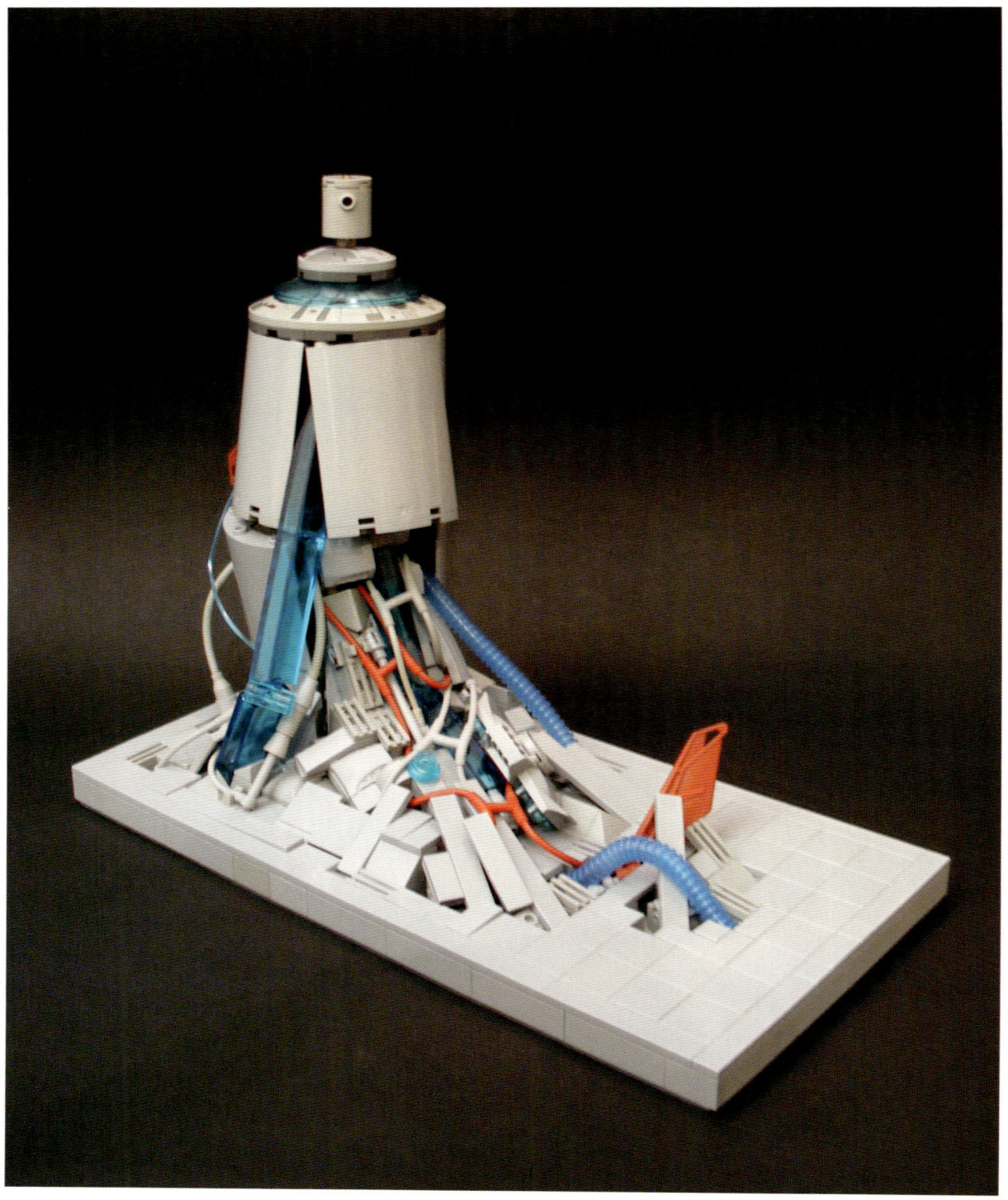

브릭 탐구 시리즈

앞 펼침면 234~235쪽
(왼쪽 위) 균열Crack Link 2011
(왼쪽 아래) 스터드에게 자유를Free the Studs 2011
(오른쪽 위) 색상 구성Color Control 2011
(오른쪽 아래) 투명 부품Trans Objective 2011

앞 펼침면 236~237쪽
(왼쪽 위) 성형 수술Plastic Surgery 2011
(왼쪽 아래) 천체Astral Body 2011
(오른쪽) 비법 소스Special Ingredient 2011

앞 펼침면 238~239쪽
(왼쪽) 중력 탈출Escape Gravity 2011
(오른쪽) 폭발하는 마트로시카Hot Matrjoschka 2011

스프레이 깡통 탐구 시리즈

(맞은편) 고등 변태Advanced Metamorphosis 2010
(위) 압축Under Pressure 2011

불길한 날들

폴 리 Paul Lee
(맞은편) 땅속에서 나왔다구!It Came from BELOW! 2009

가브리엘 브렘러 Gabriel Bremler
(위) 괴물아 안녕?(캐리비안의 해적)Hello Beastie(Pirates of the Caribbean) 2011

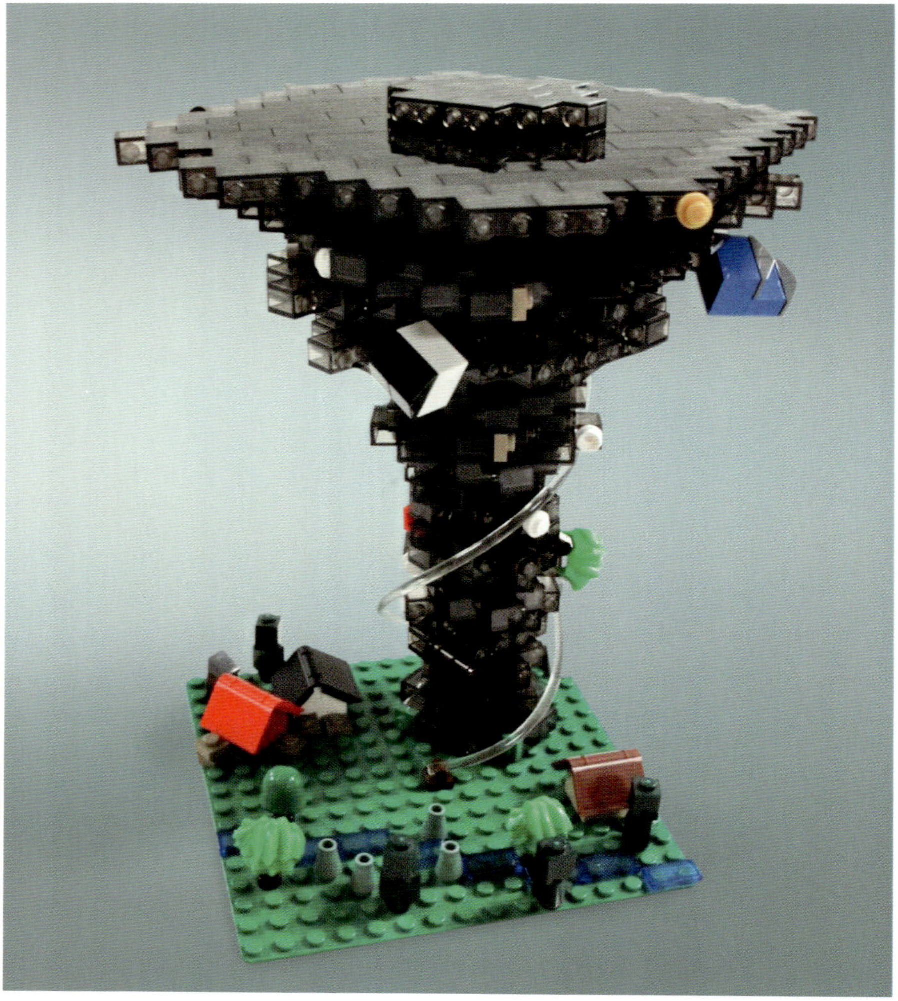

블레이크 바에르Blake Baer
(맞은편 위) 토네이도 길목Tornado Alley 2011

로드 길리Rod Gillies
(맞은편 아래) 화성인은 햄버거를 원해Mars Wants Burgers 2011

팀 고다드Tim Goddard
(위) 초소형 도시의 운수 나쁜 날A Bad Day in Micropolis 2009

가브리엘 브렘러 Gabriel Bremler
(맞은편) 외계인 침공! Atttck of the Aliens! 2012

바니 메인 Barney Main
(위) 간밤에 꼬꼬가 당한 의문의 사고 The Curious Incident of the Chicken in the Night-Time 2012

크리에이티브 브릭 이안 히스
Iain Heath

저는 어렸을 때부터 지금까지 변함없이 레고를 즐기고 있습니다. 그런데 제가 아버지가 되어 아이들이 레고를 가지고 노는 것을 보다 보니 미니피겨가 창의적인 조립을 어느 정도 제한한다는 사실을 깨닫게 되었습니다.

그래서 그때부터 저는 브릭으로 인형을 만들기 시작했습니다. 다행히도 제가 만든 레고 인형들은 레고 팬들 사이에서 큰 인기를 끌었습니다. 사람들은 자신들이 사랑하는 혹은 미워하는 가상 또는 실제의 인물들이 레고로 재탄생하는 것을 보며 쾌감을 느끼는 듯합니다.

몇 년 동안 레고 인형 만들기에 매진하면서 레고 인형을 좀 더 사실적으로, 좀 더 정교하면서도 자연스럽게 만들 수 없을까 하고 끊임없이 노력하였습니다. 제가 개인적으로 좋아하는 사람 또는 그 당시 대중에게 인기가 많은 사람을 주제로 선택해서 제작합니다. 그렇게 만든 인형들이 사람들로부터 좋은 반응을 얻으면 물론 기분이 좋습니다. 하지만 무엇보다도 무에서 유를 창조해내는 창작의 과정 그 자체에서 느끼는 보람과 기쁨이 가장 크다고 할 수 있습니다.

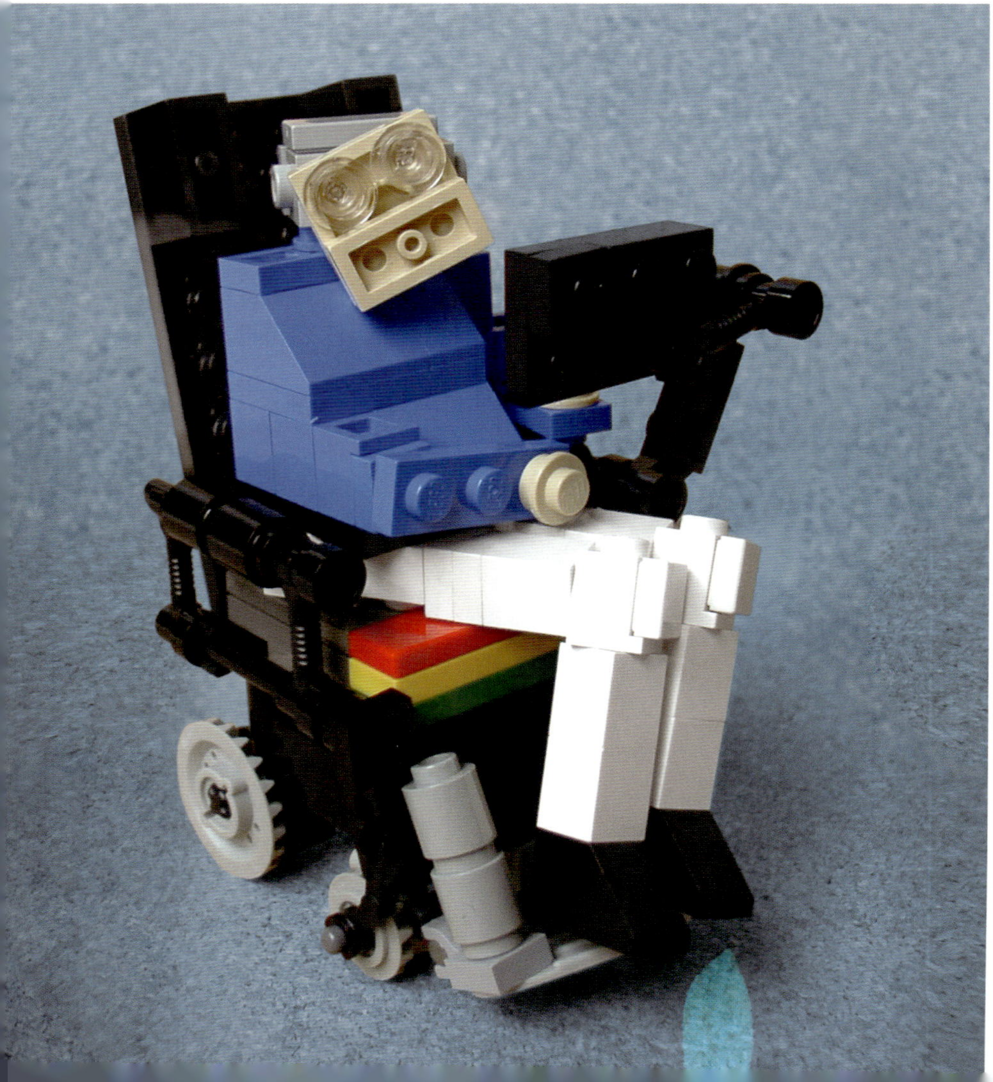

(맞은편 위) 얼룩말 맛이 나겠는걸Tastes Like Zebra 2010
(맞은편 아래) 스티븐 호킹Stephen Hawking 2007
(위) 마루 밑 아리에티Arietty the Borrower 2012

(맞은편 위) 천공의 성 라퓨타Castle in the Sky 2010
(맞은편 아래) 센과 치히로의 행방불명Spirited Away 2010
(위) 킥 애스와 힛 걸Kick Ass & Hit Girl 2011

파이선스케이프* 이안 히스
Iain Heath

* (옮긴이) 파이선스케이프Pythonscape- 영국의 초현실주의 코미디 그룹인 몬티 파이선Monty Python을 기리기 위해 레고 팬들이 공동 작업한 디오라마 작품들을 말한다. 2011년 시애틀에서 열린 레고 전시회, 브리콘BrickCon에서 소개됨.

지금 스페인 종교재판이라도 하겠다는 거야? Nobody Expects... The Spanish Inquisition! 2011

(맞은편) 새 가스레인지 촌극 New Cooker Sketch 2011
(위) 미스터 크레오소트 Mister Creosote 2011

(맞은편) "이번엔 완전히 색다른 것을 소개하겠습니다" "And now for something completely different" 2011
(위) 큐브듀드 검비 CubeDude GUMBY 2009

머나먼 곳

260

팀 고다드Tim Goddard
(맞은편) 아이스크림 전성시대The Golden Age of Ice Cream 2013

스테판 에크맨Stefan Eeckman
(위) 정박한 갈레온Gallon at Anchor 2011

에릭 목 Eric Mok
(맞은편) 중국 풍경화 Chinese Landscape Painting 2012
(위) 옥새, 용 모양 비취 인장 Signet, Dragon Jade Seal 2012

미니멀리즘 레고 미학 아미다
Amida

왜 레고일까요?

레고는 부품 하나하나가 뛰어난 조형미를 갖고 있습니다. 레고 특유의 스터드stud와 튜브tube를 비롯하여 정밀하게 사출된 네모반듯한 외형, 그리고 각 부분의 일정한 규격과 비율에는 레고만의 기하학적인 아름다움과 질서가 숨어 있습니다. 가만히 레고 부품을 들여다보고 있자면 그 조형미에 감탄할 수밖에 없습니다. 레고는 그 자체로서 이미 완벽한 작품이라고 말해도 지나치지 않을 것 같습니다.

그런 관점에서 볼 때 레고로 멋진 작품을 만드는 첫 번째 비결은 아예 아무것도 만들지 않는 것입니다. 그래도 굳이 무엇을 만들고 싶다면 저는 최대한 소박하고 단순하게 만들어 레고 본연의 아름다움을 최대한 살리려고 노력합니다. 제 자신에게 레고를 맞추기보다는 레고에 저의 생각을 살짝 얹는다는 겸손한 마음으로 작품을 만드는 것이 좋은 것 같습니다.

제가 레고를 좋아하는 두 번째 이유는 레고가 갖고 있는 이른바 '단점'들 때문입니다. 레고의 '단점'이란 일반적으로 레고의 한계라고 여겨지는 레고의 불편한 특성들입니다. 예를 들어, 부품의 최소 단위가 커서 세밀하고 조밀한 표현이 어렵다거나, 부품 간 결합 방식이 정해져 있기 때문에 원하는 곳에 원하는 부품을 마음대로 결합하는 데 제약이 많다는 점, 그리고 레고의 부품들이 기본적으로는 네모난 형태인 까닭에 네모난 것을 만들기는 쉬워도 부드러운 곡선이나 곡면은 만들기가 어려운 점 등입니다.

그러나 이러한 단점들은 알고 보면 '단점 아닌 단점'으로서 사실은 다른 미술 재료에서는 찾아볼 수 없는 레고만의 고유한 개성이자 매력입니다. 즉, 세밀하고 조밀한 표현이 어려운 대신 과감한 생략과 단순화를 통해 추상적으로 표현하기는 수월하고, 일정한 규칙 아래 이루어지는 결합은 극복해야 할 대상이라기보다는 순응해야할 아름다운 질서로 볼 수 있습니다. 또한 네모반듯한 특징을 잘 활용하면 곡선이나 곡면 사용만으로는 얻기 어려운 정갈함과 세련됨, 쉽게 질리지 않는 아름다움을 표현할 수 있습니다.

레고의 한계를 극복하려는 노력도 물론 중요하지만 그에 앞서 레고의 특성을 온전하게 이해하는 것은 더 중요하다고 생각합니다. 레고에 대한 이해가 부족하여 장점을 단점으로 착각한다면 레고를 십분 활용할 수도 없을 뿐만 아니라 레고의 참다운 매력도 느낄 수 없을 것이기 때문입니다. 그래서 저는 '레고의 이런 점이 싫다'라고 생각하는 부분이 혹시 생긴다면 사실은 그것이야말로 레고의 진짜 매력이 아닌지 반성해 보곤 합니다.

연아 Yuna 2008

(맞은편) 별똥별을 쫓는 소년 Chasing a Shooting Star 2013
(위) 포옹 Po-ong 2014

기고하신 분들

이 책의 모든 사진은 각 사진 소유자에게 저작권이 있습니다.

Alfaro Marcilla, Ramón and Amador ("Arvo Brothers"), http://arvobrothers.com: Alien (2007), 7; Alien Chestburster (2007), 8–9; Calypso (2007), 6; Diving Mask (2007), 13; The Doll (2008), 4–5; Headphones (2007), 2; Hermit Crab (2008), 12; Iron Man (2007), 11; Minimoog (2011), 3; Pacifier (2009), 12; Polaroid (2007), 18; Reading Lamp (2007), 13; Snake (2009), 10; Typewriter (2006), 13

Anderson, A. ("rongYIREN"), http://flickr.com/47062214@N00: Alien Cyborg Astronaut (2010), 59; Friends (2010), 229; Gremlin (2008), 226; Knobby (2011), 228; Light Infantry Vehicle (2010), 226; Medical Bot (2009), 227; Mort (2010), 101; Pierre, Of Course (2010), 101; Sentinel (2011), 229; Striders (2004), 227

Anderson, Peter ("Shadow Viking") http://flickr.com/shadowviking: Olympus (2010), 152

Armstrong, Matt ("monsterbrick"), http://flickr.com/monsterbrick: Antique Phone (2011), 23; Camera (2011), 22; Candlestick Phone (2011), 23; Look Who Fell Through the Keyhole (2010), 38; Morse Code Key (2011), 23; Sewing Machine (2011), 22; Telescope (2011), 22; Typewriter (2011), 23

Baer, Blake ("Blake's Baericks"), http://flickr.com/baericks: Tornado Alley (2011), 244

Becraft, Andrew ("Dunechaser"), http://brothers-brick.com: Pit Viper-Class Fuel Tanker (2012), 210; U.E.F. Battle Fleet (2011), 212–213

Berkoff, Micah ("Arkov"), http://flickr.com/arkov: Nintendo Entertainment System (2009), 19

Bessa, Marcos ("Marcosbessa"), http://flickr.com/marcosbessa: Alvis TA28 (2011), 178

Blaq, Cole, http://cole-blaq.com: Advanced Metamorphosis (2010), 240; Astral Body (2011), 236; The Burn (2010), 233; Color Control (2011), 235; Crack Link (2011), 234; Escape Gravity (2011), 238; Free the Studs (2011), 234; Hot Matrjoschka (2011), 239; Plastic Surgery (2011), 236; S.O.S. (2010), 232; Special Ingredient (2011), 237; Trans Objective (2011), 235; Under Pressure (2011), 241. Photos courtesy of Aran J.-Hudson.

Bonner, Theo ("Titolian"), http://flickr.com/tito0o0o: 昆虫 (2011), 222; Invidia (2011), 209; J-9 Tanusu All-Terrain Attack Mech (2010), 223; Köhs-Class H-4 Battle Tank (2010), 223; La Guêpe (2011), 206; "Mola" Recon Probe (2011), 207; Orthrus (2011), 208

Bonsch, Thorsten ("Xenomurphy"), http://flickr.com/xenomurphy: Spider-Man vs. Green Goblin - A Tribute to Frank Dillane (2012), 135

Bremler, Gabriel ("Skrytsson"), http://flickr.com/55631421@N03: Attack of the Aliens! (2012), 246; Hello Beastie (Pirates of the Caribbean) (2011), 243

Brugman, Duco ("bloei"), http://flickr.com/bloei: The Voice of Evil (2012), 140–141

Charre, Christophe ("Ironsniper"), http://flickr.com/ironweasel: AD57 / Light Aqua Walker (2012), 225

Clites, Tyler ("Legohaulic"), http://flickr.com/legohaulic: Alice in LEGOLAND (2009), 41; Bio-mechanical Strider (2011), 224; Do You Play Croquet? (2009), 43; Grandpa! You better not be using my loofah again! (2012), 92; Great White Nautilus (2009), 80; 'mere Brucy (2012), 93; Midnight Snack (2012), 74; Mirage (2012), 162–163; Paradise Frost (2012), 50; Sometimes It Sucks to Be a Ghost (2012), 105; Tower of Torment (2008), 147

Conquest, Edward, http://mocpages.com/home.php/3222: Queen of Hearts Castle (2009), 43

Constantino, Eric ("Edubl31216"), http://designby31216.com: Big Eyed LEGO Duck (2006), 77; Big Eyed LEGO Peacock (2011), 77; LEGO Desserts (2010), 14; LEGO Treats (2010), 15

DeCastro, Nathan ("nate_decastro"): CAMM-103 YMIR (2012), 199; CAMM-119 DESERT FOX (2012), 194; FCM-112 THYLACINE (2012), 195; Strahl J-60 "Bluthund" (2011), 214

Doyle, Mike, http://mikedoylesnap.blogspot.com: Contact 1: The Millennial Celebration of the Eternal Choir at K'al Yne, Odan (2013), 126–127, 128, 129; Dawn's Light Residential Tower from Contact 1: The Millennial Celebration of the Eternal Choir at K'al Yne, Odan (2013), vi; The Power of Freedom: Iraq (2012), 124, 125; Three Story Victorian with

Tree (2011), 115, 116, 117; Two Story with Basement (2010), 118–119; Victorian on Mud Heap (2011), 120–121, 122, 123

Eeckman, Stefan ("SEBEUS I"): Galleon at Anchor (2011), 261

Elsel, Bodo: Robots (series) (2012), 230–231

F., Logan ("∞CaptainInfinity∞"): Ma.K Fireball with Diorama (2012), 200; Ma.K Melusine (2012), 200; Ma.K Raccoon (2012), 200

Fieschi, Pierre-E. ("Pierre"), http://flickr.com/47881312@N04: "Breacher" Light Assault Cruiser (2011), 216; Laser Artillery Frigate (2012), 216; Sobani Field Command Ship (2010), 211; "Spark-Class" Carrier (2010), 215; "Tempest" Bombardment Platform (2012), 210

Flor, Heath ("kik36"), http://mocpages.com/home.php/25189: Smolny Cathedral (2012), 130

Fojtik, Alex ("BrickFX"): The Hatchery (2009), 52–53

Geers, Jasper Joppe: Muntstraat Police HQ (2011), 131

Gillies, Rod ("2MuchCaffiene"), http://empireofsteam.blogspot.com: Mars Wants Burgers (2011), 244; Starfighter Command (2011), 221; Tranquility Biodome (2011), 220

Glaasker, Dennis ("Bricksonwheels"), http://flickr.com/bricksonwheels: Ford Hot Rod (2012), 179; Harley Davidson (detail) (2011), 177; Harley Davidsons (2011), 177; Peterbilt 379 (2012), 176; Peterbilt 379 Dump Combo (2013), 176

Goddard, Tim ("Rogue bantha"), http://flickr.com/roguebantha: A Bad Day in Micropolis (2009), 245; The Golden Age of Ice Cream (2013), 260; Rearing Stallion (2011), 83

Grguric, Matija, http://flickr.com/matijagrguric: Japanese Pagoda (2011), 150; Miyajima Torii (2011), 148; Tibet (2011), 149

Gugick, Arthur, http://gugick.com: Angkor Wat (2010), 110; Big Ben (2011), 109; Mont-Saint-Michel (2010), 112; Salisbury Cathedral (2008), 113; The Tower of Babel (2011), 111

Guoh, Kevin ("Kaye"), http://flickr.com/kaye-lego: DJ Console (2007), 19

Hart, Carson, http://flickr.com/58252782@N06: Welcome to Aedificus (2012), 145

Heath, Iain ("Ochre Jelly"), http://thelivingbrick.com: "And now for something completely different" (2011), 258; Arietty the Borrower (2012), 250–251; Castle in the Sky (2010), 252; CubeDude GUMBY (2009), 259; Finders Keepers (2012), 99; "Fried Chicken!" (2011), 249; Kick Ass & Hit Girl (2011), 253; Mister Creosote (2011), 257; New Cooker Sketch (2011), 256; "Nobody Expects . . . The Spanish Inquisition!" (2011), 254–255; Spirited Away (2010), 252; Stephen Hawking (2007), 250; Tastes Like Zebra (2010), 250

Heim, Robert ("Robiwan_Kenobi"), http://flickr.com/robiwan_kenobi: Royal Robots (2011), 54

Heltebridle, Jason ("Moctagon Jones"), http://flickr.com/moctagon: Alice in Miniland (2011), 39; Tweedle Dee & Tweedle Dum (2011), 40

Himber, Guy ("V&A Steamworks"), http://flickr.com/32482342@N05: Bill the Butcher (2011), 97; Orrery (2011), vii; Shaggy Caffeine (2011), 98; Shakespeare (2010), 96

Huang, Shin-Kai 黃信凱 ("ccy_8086"), http://mocpages.com/home.php/54455: Westie (2012), 73

Hutchinson, Luke ("Derfel Cadarn"): Grimm Hollow (2012), 146; Leodasham Manor (2012), 139; Lindinis Uarro (2012), 138; Sanctuary of the Damned (2012), 136

Junga, Sven, http://flickr.com/31194766@N08: Lobster (2011), 16; Schloss Neuschwanstein (2010), 132; Seahorse (2011), 83; Starcraft II Space Marine (2011), 197

Kaleta, Dave, http://davekaleta.com: It's Not Easy Being Green (Dissected Frog) (2010), 79

Kapeter, Luka ("kost u grlu"): Protocol Droid's Landspeeder (2011), 219

King, Garry ("Appollo"), http://mocpages.com/home.php/39677: Cetanclass Baseship (2012), 202–203

Lee, Paul ("polywen"), http://flickr.com/artpoly: CubeDude V for Vendetta (2009), 95; It Came from BELOW! (2009), 242; Mars Mission Variant / Gorilla Hard Suit (2008), 198; Minibuild Football Player (2009), 90

Libero, Rayland ("Rimven"): Tsu-Ka Technician (2011), 55

Lowell, Bruce ("bruceywan"), http://BruceLowell.com: Sandwich (2011), 17; Taco (2010), 17

MacLane, Angus, http://tinyurl.com/AngusMacLaneLego: CubeDude Æon Flux (2010), 34; CubeDude Babar (2010), 36; CubeDude Capn Crunch (2009), 33; CubeDude Captain Kirk (2009), 35; CubeDude Caterpillar (2010), 41; CubeDude Colonel Sanders (2010), 32; CubeDude

Incredibles (2009), 35; CubeDude Lawn Gnome (2010), 37; CubeDude Lincoln (2009), 31; CubeDude Pato (2010), 36; CubeDude Smokey (2010), 30; CubeDude Sock Monkey (2010), 36; CubeDude Spock (2009), 35; CubeDude StayPuft (2009), 36; CubeDude The Dude (2009), 35; CubeDude The Jesus (2009), 35; CubeDude Walter Sobchak (2009), 35. "CubeDude" is a registered trademark of Angus MacLane.

Main, Barney ("SlyOwl"): The Castle in the Canopy (2009), 142; The Curious Incident of the Chicken in the Night-Time (2012), 247; The Last Evacuee (2012), 143

Malloy, Chris ("porschecm2"), http://flickr.com/porschecm2: The Temple of Ehlonna (2012), 154

Martins, Lino ("Lino M."), http://flickr.com/12622904@N03: 1957 Pontiac Safari Wagon (2008), 182; Aztec Gold - 1961 Dodge Polara (2011), 185; Baal - Camel Spider (2010), 188; Blue Voodoo - 1971 Caddy Eldorado (2008), 185; Centaur - Ajax the Great (2010), 63; Hidden Treasure - 1949 Buick Fastback (2009), 181; I Scream Truck (2008), 182; Leviathan (2007), 191; Lionfish (2010), 189; Nemo (2007), 186; Neptune (2007), 190; Protector of the Great Queen (2010), 187; Solar Flare - 1960 Impala Wagon (2008), 183

Mayo, Sean and Steph ("Siercon and Coral"), http://flickr.com/legocy: Micro Falls Fortress (2011), 142

McKeen, Jack ("madLEGOman"), http://flickr.com/madlegoman: Ma.K Yellow Jacket Starfighter (2011), 214; PShip (2011), 218

McVeigh, Chris ("Powerpig"), http://flickr.com/powerpig: Classic Speaker (2010), 19; Hello (2013), 21; Mini Hermes Leica M9 (2013), 20; Rotary Phone (2012), 20; Thanksgiving Turkey (2010), 16

Mihu, Mihai Marius, http://flickr.com/mihaimariusmihu: The Fortune Demon (2012), ix

MisaQa, http://stud-and-tube.com: Birds (Advent Calendar series) (2005), 77; Dolls (Advent Calendar series) (2006), 106–107; Little Town (Advent Calendar series) (2007/2009), 158–159; Snails (2004), 81

Mok, Eric, http://flickr.com/46731191@N06: Chinese Landscape Painting (2012), 262; Signet, Dragon Jade Seal (2012), 263

Morrisseau, Rob ("dasnewten"), http://flickr.com/dasnewten: Heavy Corvette Thakrar (2010), 217; Picket Frigate Prometheus (2012), 204

Na, K. Amida, http://amida.kr: Chihuahua (2011), 72; Clown Anemone Fish (2011), 75; Greetings in Hanbok (2012), 94; Pegasus Automaton (2011), 62; 연아(Yuna, 2008), 265; 별똥별을 쫓는 소년(Chasing a shooting star, 2013), 266; 포옹(Poong, 2014), 267; 반조(Bhanjo, 2014), 268

Nieves, Mike ("retinence"), http://flickr.com/retinence: The Equestrian (2011), 85; Harley Quinn (2011), 89; Malrik (2011), 88; Olaf the Bearded (2011), 86; Wolf (2010), 87

Okkonen, Eero ("Pate-keetongu"), http://flickr.com/kumipallomaa: Gortrund (2011), 56; Karmenna (2010), 57; Kathrienna (2011), 58; Keetongu (2010), 197; Nevya (2010), 58; The Snowman (2010), 59

Pegrum, James ("peggyjdb"), http://flickr.com/peggyjdb: Temple of Jugatinus (2012), 155

Poulsom, Thomas ("DeTomaso77"), http://flickr.com/detomaso: Billy Blue Tit (2012), 71; Bobby the Robin Red Breast (2012), 68; Bradley the Blue Jay (2012), 67; Carona Canary (2012), 66; Gloria the Goldfinch (2012), 64; Kingsley the Kingfisher (2012), 69; Leeto and Latifah the LoveBirds (2012), 70; Rodney the Redstart (2012), 69; Woody the Greater Spotted Woodpecker (2012), 65

Proudlove, Nathan, http://flickr.com/proudlove: Audrey2 (2008), 51; Brawler (2009), 199; Catercrawler (2012), 53; Family Portrait (2011), 91; Paddy Wagon (2009), 178

Rezkalla, J. Spencer, http://flickr.com/51130204@N04: World Trade Center & 9/11 Memorial, New York (2012), 161

Sawaya, Nathan ("Brick Artist"), http://brickartist.com: Frozen Figure (2011), 48; Melting Man (2011), 49; Red Dress (2010), 46–47; Stairway (2009), 45. Photos courtesy of brickartist.com.

Schwartz, Jordan ("Sir Nadroj"), http://jrschwartz.com: Big Thunder Mountain Railroad (2009), 28; Ghost Coach (2010), 25; Jungle Cruise (2009), 29; Mary Blair Face (It's a Small World) (2009), 26; Nepali Tata Truck (2010), 25; Partners (2009), 27; Plastic Anatomy (2009), 27; Rapunzel's Tower (2010), 137; Splash Mountain (2009), 29; Woolly Mammoth (2009), 27; Wyvern (2010), 27

Simon, Tom, http://mocpages.com/home.php/50395: Doc Edgerton (2010), xi

Sprogis, Peteris, http://flickr.com/47059345@N08: Batty & Co (2011), 273; Crackhead & Honey Bag Man (2010), 102;

Party Animals (2011), 103; Sparkly & Barkly (2010), 104

Sproule, Shannon ("Shannon Ocean"), http://flickr.com/10104652@N06: "Kestrel" Seaside Living (2010), 160; Midnight in the Forest (after Ernest) (2009), 1; Mongrol ABC Warrior CubeDude (2009), 61; "Secret Seahorse" Battle Beast (2010), 60; "Thriller Whale" Battle Beast (2010), 60

Sterling, Stacy ("Stacy_ToT_LUG"), http://mocpages.com/home.php/14925: Mickey's Dining Car (2011), 156; Porky's Diner (2011), 156; St. Paul Cathedral (2011), 153; White Castle Restaurant (2011), 157

Thomson, Gabriel ("qi-tah"): New Holland Honeyeater (2011), 76

Tseng, Alvin ("AT94"): Downtown 1 (2008), 134; Downtown 3 (2009), 134

Walker, Jonathan: Arcturus (2009), 205; Arcturus Support Craft (2009), 208; Dalu Support Craft (2011), 208; Phobos 3 (2008), 217; Solaris (2006), 204

Walker, Katie ("eilonwy77"), http://flickr.com/eilonwy77: 12.13.10 004 (Window) (2010), 174; Color Variation 1 (2010), 172; Flower Petal Study (2012), 171; Knotty Doodle 3 (2011), 170; Practicing Some More (2011), 173; The Prettiest Picture (2011), 175

White, Pete ("pete white brick"): Sandcastle (2010), 133

Wiktorowicz, Lukasz ("LL"), http://flickr.com/59311684@N03: Ishtar Gate (2012), 151; Tartarus (2011), 144

Williams, Aaron ("m_o_n_k_e_y"), http://flickr.com/m_o_n_k_e_y_s_t_u_f_f: Expeditionary Strike Unit (2011), 196; Guardian Heavy (2011), 193; MD105 Mongrel (2012), 192; Neville the little bot (2011), 201

Williamson, Tommy ("GeekyTom"), http://flickr.com/geekytom: Alice & Hatter (2010), 38; Jack Sparrow & Barbossa (2011), 100

Zhang, Nannan, http://flickr.com/nannanz: Armageddon (2007), 167; Cry of Dreams (2007), 165; Echo of Silence (2009), 169; End of Days (2008), 166; Legacy of Vision (2008), 168; Mirage (2012), 162–163

페테리스 스프로기스 Peteris Sprogis
베티와 코 Batty & Co 2011